世界十大科学家丛书

孟宪明 主编

哥白尼传

李旭雨 编著

河南文艺出版社
· 郑州 ·

图书在版编目（CIP）数据

哥白尼传/李旭雨著. —郑州:河南文艺出版社，
2016.8（2020.7 重印）

（世界十大科学家丛书/孟宪明主编）

ISBN 978-7-5559-0394-9

Ⅰ.①哥⋯　Ⅱ.①李⋯　Ⅲ.①哥白尼,N（1473—
1543）-传记　Ⅳ.①K835.136.14

中国版本图书馆 CIP 数据核字（2016）第 154261 号

出版发行	河南文艺出版社
本社地址	郑州市郑东新区祥盛街 27 号 C 座 5 楼
邮政编码	450018
承印单位	河南瑞之光印刷股份有限公司
经销单位	新华书店
纸张规格	890 毫米×1240 毫米　1/32
印　　张	6.5
字　　数	114 000
版　　次	2016 年 8 月第 1 版
印　　次	2020 年 7 月第 3 次印刷
定　　价	23.00 元

科学的呼唤

卫星遨游太空，飞船探测火星，光电通信，电脑联网，信息高速公路……当今世界，对科学的呼唤和追求比以往任何时代都显得重要和紧迫。

在我们这个有着五千年历史的文明古国，在以文取士、以诗显名的文化传统里，我们不缺少"床前明月光"和"春眠不觉晓"的优美意境，也不缺少"大江东去"的豪迈和"小桥流水"的幽静，我们所缺少的，恰恰是一种对科学生死挚爱和舍命追求的精神。传统和意识可以改变，但改变需要努力，需要全民意识的觉醒。因此，党中央才把学科学、用科学定为我们的基本国策，甚至不惜动员学部委员为大众撰写科普读物，并一再要求在学生的教科书中不断增加科学内容的比重。

我们这套丛书，为牛顿、爱因斯坦、居里夫人、伽利略、爱迪生、达尔文、诺贝尔、哥白尼、法拉第、莱特兄弟等世界著名科学家作传，既具体介绍他们彪炳千古的科学贡献，也形象叙述他们发明、发现活动的完成过程。 我们不奢望孩子们现在就学会这些知识，如果他们能通过这套丛书了解并热爱这些科学家，我们也就感到由衷的满足了，因为热爱是最好的老师。

未来是属于孩子们的。

未来的大科学家就在你们中间。

主编　孟宪明

2016 年 6 月

目录

一

中世纪末期,在波兰西北部的托伦城,诞生了一个迎接新世纪曙光的人——哥白尼,在他幼小的心灵里,就已经播下了对神学怀疑的种子。

二

在利兹巴克中学学习的时候,哥白尼第一次对天文学产生浓厚的兴趣。导师的教导,使他懂得了天文学必须具备两件法宝——数学与观测。

三

克拉科夫大学把哥白尼培养成一个热爱科学和艺术的人文主义者。在这里,他成为第一个向"地心说"挑战的对手,并为他的划时代发现——"日心说"奠定了基础。

四

在文艺复兴的发源地意大利,哥白尼利用数学和观测两件法宝,第一次用无可辩驳的证据,证明了托勒密月球理论的荒谬。

五

在意大利,经过 7 年的学习,哥白尼获得了法学博士学位。他以一丝不苟的科学态度,遨游在天文学的太空,并为他的划时代发现初步构思出一个总的轮廓。

六

哥白尼怀着赤子之心回到祖国。为了祖国的利益,他协助舅舅同觊觎瓦尔米亚的十字骑士团进行针锋相对的斗争,成为舅舅忠诚的和富有才智的助手。

七

在繁忙的行政公务之余,哥白尼一直坚持他所爱好的天文学研究,发表了阐述他的天文学基本思想的《浅说》,对教会所支持的"地心说"理论开始了公开的批驳,为他的主要著作《天体运行论》的动笔做好了准备。

八

哥白尼不是关在"象牙之塔"的书房学者,而是把个人的爱好和公共利益的需要相协调,积极从事公益活动,关心穷苦人民,发扬人道主义。为了履行财产管理人的公职,他的足迹遍布了瓦尔米亚的每一个乡村城镇。

九

当面临十字骑士团的疯狂侵略,民族处于生死存亡的关键时刻,哥白尼献身祖国,与人民同仇敌忾,走上战斗的前线,为保卫祖国、战胜敌人,做出自己卓越的贡献。

十

面对满目疮痍的土地,为了医治战争的创伤,恢复行政秩序和经济秩序,哥白尼付出了巨大的精力和心血,终于同人民一起度过了民族的艰难时期。

十一

哥白尼不仅是个伟大的科学家,而且也是个出色的经济学家。他的经济理论超出时代和阶级的局限,具有先进和革新精神,并且代表了贫苦人民的利益。

十二

接近老年的哥白尼逐渐摆脱了从事多年的公务工作,终于有了较多的时间从事他所喜爱的科研活动。然而令人痛心的是,瓦尔米亚却进入一个不利于发明和发现的时期。

十三

老年的哥白尼多灾多难,他只想有一个从事科学研究的安静环境。然而宗教卫道者一连串的报复打击,使这位对宗教教义持否定态度的孤独老人经受了许多磨难。

十四

经过几十年的研究,倾注了毕生的精力,哥白尼划时代的巨著《天体运行论》终于完成了。它标志着天文学史上的一次伟大革命,从此使自然科学从愚昧的神学中解放出来。

十五

风烛残年的哥白尼决定冒着被教会审判的风险出版自己的著作。然而,在他临终时,送到他手上的,却是在教会授意下被篡改了的作品。

十六

《天体运行论》的出版,敲响了神权的丧钟。从此,在科学与宗教之间,展开了一场残酷而又持久的斗争。多少杰出人物英勇不屈,慷慨捐躯,终于迎来了科学的胜利。

一

中世纪末期，在波兰西北部的托伦城，
诞生了一个迎接新世纪曙光的人——哥白
尼，在他幼小的心灵里，就已经播下了对神
学怀疑的种子。

1. 故乡

在欧洲中部北濒波罗的海地区，有一个古老而又富庶的
国家——波兰。在波兰首都华沙西北约二百公里的地方，有
一座美丽繁华的城市——托伦。1473 年 2 月 19 日，是个普
通而又不平凡的日子，随着第一缕晨曦的升起，在托伦城圣
安娜街的一座房子里，有一个婴儿呱呱坠地了。他，就是
后来举世闻名的伟大天文学家尼古拉·哥白尼。

哥白尼生活的时代，正是黑暗的中世纪后期。文艺复兴
运动已经在意大利兴起，并且很快蔓延到整个欧洲，使欧洲
的经济、思想、文化、科学等方面都有很大的变化发展。
哥白尼的故乡托伦，有着优越的地理位置和便利的交通条

件， 波兰最大的一条河流维斯瓦河紧紧环绕着托伦城流过，把托伦和首都华沙， 以及北方的波罗的海连成一线。 维斯瓦河真称得上一条黄金河道， 曾有大量的货物顺着维斯瓦河去到波罗的海沿岸的格但斯克港口， 再转运到欧洲各地。 发达的航运事业使托伦城很快繁荣起来， 托伦城的经济、 文化和政治地位日益提高。

哥白尼的父亲也叫尼古拉·哥白尼， 和哥白尼的名字一样——这是当时欧洲一些地方的习俗， 即父子不仅同姓， 而且同名。 另外， 哥白尼的舅舅和哥白尼的外祖父名字也相同， 都叫乌卡什·瓦兹洛德。 哥白尼的家庭比较富有， 父亲不仅是个精明能干的商人， 而且还是托伦城议会的议员，母亲巴尔巴拉·瓦兹洛德也是出身名门的闺秀。 哥白尼的外祖父和舅舅不仅在托伦城， 而且在整个波兰都有极高的威望， 甚至被誉为民族的英雄。 原来在哥白尼出生之前， 盘踞在波兰西北部侵略成性的十字骑士团曾经长期统治着托伦这个地方。 托伦人不堪忍受压迫， 和十字骑士团进行长期的斗争， 终于赶走了十字骑士团， 使托伦城， 包括波罗的海沿岸的格但斯克港地区， 重新回到了波兰的怀抱， 并入了波兰的版图。 哥白尼的外祖父、 舅舅、 父亲都参加过同十字骑士团的斗争， 并在这种斗争中立下过不朽的功勋。 哥白尼的外祖父曾经担任托伦城的议员， 后来又担任议长。 1453 年，他作为托伦的代表， 参加了在格鲁琼兹举行的一次会议， 参与筹备反对十字骑士团的起义。 这次起义， 拉开了波兰历史上长达 13 年的战争的序幕。 哥白尼的外祖父曾经多次参加战斗， 并且在战争中多次受伤， 最后英勇牺牲。 当时他为了支援战争， 曾经把自己数额巨大的财产全部借给托伦使用。他曾经作为特使， 晋见波兰国王卡齐米日·雅盖隆奇克， 强烈要求波兰国王对十字骑士团采取坚决有力的战争行动。 他甚至采用激将法对波兰国王威胁说， 如果波兰国王对十字骑士团不采取有力的军事行动， 那么托伦人民就同波兰脱离关系。 可惜， 哥白尼的外祖父去世太早了， 没有看到对十字骑士团战争的最后胜利。 但是， 正是这样一个爱国老人，通过自己实际的言行， 影响了自己的子女， 即哥白尼的母亲和舅舅， 甚至也深深地影响了根本没有见过他的小外孙哥白尼。

　　哥白尼出生的时候， 已经是托伦摆脱十字骑士团统治的第 19 个年头了。 但这时候， 十字骑士团仍然是托伦人最大的敌人。 哥白尼从小就经常听到母亲讲十字骑士团如何欺压沿海地区和托伦城居民的事情， 听父亲讲述他和外祖父如何与十字骑士团进行斗争的故事。 哥白尼就是在这种关心国家大事和热心公益事业思想的熏陶下成长起来的。 当然， 这种爱国主义和今天普遍理解的爱国主义并不完全相同。 当时，人们关心的主要是本地区的利益， 哥白尼故乡的居民就对关系到他们所在地区的事情特别敏感。 这种特有的地区爱国主义，和整个国家的利益是一致的，并不相悖。正是这种爱国主义精神哺育了哥白尼，并影响了他一生，使他始终感到自己同故乡是紧密联系在一起的，在他以后对天文学研究的同时，仍然花费大量心血，打击十字骑士团的非法活动和侵犯行为，并曾独立率领军队抗击十字骑士团的进犯，保卫了奥尔什丁城，这是后话。

　　哥白尼的童年生活是幸福的，当时的托伦已经摆脱了十字骑士团的统治。哥白尼在托伦城圣安娜街的家里度过了自己的孩提时代。他家的房子是一座三层楼房。他经常爬到三层楼上，从楼上的窗口，观望维斯瓦河里来来往往的船只。这些船只，有的满载着波兰的货物特产，驶向格但斯克海港，再运往欧洲各地，从格但斯克海港返回的船只，则装满了来自欧洲各地，甚至也有来自遥远的阿拉伯地区的货物。在这宽阔繁忙的河道里，还经常可以看到放木排的工人，他们喊着粗犷的号子，流放木排，真是热闹非凡。哥白尼对维斯瓦河有着特殊的情感，还因为他的父亲经常往返在这条河道上，到远方去做生意。每当他想念父亲的时候，他不仅在楼的窗口上观望维斯瓦河，而且也经常走出家门，来到河岸码头，希望能接到从远方归来的父亲。河岸码头实在是个好地方，哥白尼从来自天涯海角的外国人那里，了解了很多遥远世界的信息，也从闯荡世界归来的托伦人那里，了解了很多他们旅途上的经历。维斯瓦河使童年的哥白尼大开了眼界， 增长了见识。 有时候， 哥白尼会真的接到父亲， 开心极了。 他发现， 码头上很多水手、 脚夫或别的什么人， 都会笑容满面地跟他父亲打招呼、 问长问短。 这是因为他的父亲有着很高的名望， 父亲不仅经营大宗生意， 而且还是托伦城议会的议员。 人们都认识而且十分敬重这个热心公益事业、 见义勇为的人。 父亲回到家里， 就被哥白尼缠着， 要求给他讲述各地的奇闻趣事。 哥白尼尤其喜欢听父亲讲述在航行中的开心事， 如天上的星辰怎么给他们指引航向， 怎么给海船校正路线， 哥白尼对父亲所讲的天时气象， 总是听得津津有味。 哥白尼对天文学产生浓厚的兴趣， 正是从他的童年就开始了。

哥白尼从小就得到良好的智力开发， 有着超人的聪明。起初， 父母给他请了一个家庭教师。 哥白尼稍大一些后，就被送到当地的学校读书。 当时， 波兰的教育事业发展很快。 哥白尼上的学校也是托伦最好的学校， 师资水平很高。哥白尼诞生那一年， 托伦学校的校长是哥白尼的舅舅乌卡什·瓦兹洛德。 但到了哥白尼上学的时候， 托伦学校的校长换成了来自格鲁琼兹一个名叫杨的人。 正是在这所学校里，哥白尼第一次接触到一些天文学著作。 早在哥白尼出生以前， 这所学校里就有很多爱好天文学的教员。 他们把一些重要的天文学著作带到这里。 哥白尼有一个叫康拉德·格赛伦的邻居， 也曾担任过这个学校的负责人， 他就是那些爱好天文学教员中的一个。当时的印刷术还没有普及，他把一些贵重的手抄本天文学论著奉献给了托伦。父母经常向哥白尼介绍这个很有学问的邻居，并且多次去格赛伦家里拜访。格赛伦非常喜欢哥白尼这个聪明勤学的孩子。哥白尼也和格赛伦收养的侄子结成了好朋友。每当格赛伦上教堂做礼拜的时候，两个孩子总是悄悄地溜进格赛伦的书房。书房里摆着几个大书架，书架上摆满了各种各样的图书。哥白尼非常敬佩格赛伦有这么大的学问，能看懂这么多书。哥白尼也偷偷翻过这些书，有的他能看懂，大部分还看不懂。对此，格赛伦不仅不生气，反而非常高兴，并对哥白尼说，只要他勤奋学习，将来肯定都能看懂这些书；只要他愿意，这些书他想看哪一本就看哪一本。哥白尼多么希望自己能快快长大，能看更多的书，能了解更多的世界奥秘。

2. 怀疑的种子

1483 年，哥白尼 10 岁的时候，他们家里遭了一场大灾难。那一年夏天，托伦城流行瘟疫，报丧的钟声阵阵敲响。到处都在出丧，惊慌凄凉的气氛笼罩着整个托伦城。

在一个夜色深沉的晚上，托伦城圣安娜街一座高门大户里，窗户上遮起了黑纱，原来，瘟神也找上了哥白尼的家。哥白尼的父亲从外边回来，刚才还是好好的，一会儿就变得手脚发软，浑身打战，喉咙里咕噜咕噜直响。哥白尼的父亲病倒了。家里的人把各种避瘟的草药堆放在病人的枕边。旁边一个天主教士，非常耐心地侍候着病人，替病人祈求天主的保佑。可是病人一直高烧不退，来回折腾，说着胡话，一刻也不能安定。

哥白尼的母亲急得手足无措，只好跑到教堂，替遭了瘟疫的丈夫做祷告去了。哥白尼睁着疑惑不解的眼睛，来到临街的窗口，注视着窗外繁星密布的夜空。"瘟神为什么会找上父亲这样的人呢？"他在心里暗暗问着苍天。他凝望着夜空，仿佛那上面写着答案似的。母亲做完祷告从教堂回来的时候，哥白尼还在那里痴痴呆望。母亲用手抚摸着哥白尼的头。他回过头来，看见母亲和蔼可亲的脸上布满愁云，显得那么憔悴而又苍老。他想问母亲，瘟神找上父亲，真是父亲得罪了天主吗？但他没有问，因为母亲正忧心如焚，她正祈求天主保佑，肯定不让小孩子乱讲话。

其实城里遭了瘟疫，到处都在传说这是人们得罪了天主的缘故。那个替哥白尼父亲做祈祷的天主教士也这么说。那个天主教士还说，不管谁生了病，都是因为他得罪了天主，如果是许多人一齐生病，那就是他们一齐得罪了天主，天主发了怒，就把瘟疫降临他们身上。因为天主是宇宙的主宰，是万物的创造者。是天主让大地不动，让人类有地方落脚，是天主让太阳、月亮、星星高高地挂在天上，围着大地转，也是天主创造了人类的肉体，还给肉体创造了灵魂。每个人的命运都掌握在天主手里，每个人都有颗命星在天上，并且预兆着人的吉凶祸福。天主犹如一个铁面无私的法官，而天空就似一个森严恐怖的法庭。那个天主教士还说，这一个月的6号，是教会的死对头——邪教徒的头头胡斯诞生的日子，也是教会把胡斯放在火堆上活活烧死、骨灰被撒到湖里的日子。那个天主教士还说，把一具有罪的躯体毁尸灭迹是公道的，对邪教魔鬼就不能手软。不料胡斯的信徒知道了这件事，竟然不顾死活地奋战了一场，甚至把宗教裁判官都打了个半死，这简直是大逆不道、无法无天。发生了这种事情，难道万能的天主能不闻不问吗？难道能不加惩罚吗？因此，发生瘟疫的真正原因是天主的震怒。

哥白尼想到天主教士的这些话，不禁产生了深深的疑问。难道在冥冥之中，真有一个万能的天主吗？难道得了瘟疫的人，都是罪孽深重的人吗？真是那样的话，教会的死对头胡斯，为什么天主没有让他得瘟疫而死，却是被教会活活烧死呢？为什么瘟疫不降临那些闹事的邪教徒身上，而是降临一般人身上，甚至是虔诚的天主教徒身上呢？哥白尼最明白，他的父亲并不是邪教徒，而是一个虔诚的天主教徒。父亲从来没有做过得罪天主的事，他对天主的诚心，就连最爱挑剔的那个天主教士也无可挑剔。既然如此，那么让瘟疫降临父亲身上，如果不是天主的不公平，就是根本没有什么天主。 哥白尼第一次对天主教义产生了怀疑， 甚至对所谓天主创造万物的说法也打了大大的问号。 但他只是把这种怀疑的种子暂时埋在心里。 他下决心以后一定要研究天文气象， 真正揭开宇宙的奥秘。

　　尽管哥白尼的母亲向天主做了虔诚的祈祷， 但瘟疫还是夺去了哥白尼父亲的生命。 哥白尼幸福的家庭生活从此结束了。 哥白尼的父亲死后， 留下了哥白尼的母亲和他的一个哥哥、 两个姐姐， 一家五口人的生活， 全由哥白尼的舅舅救济。 过了不久， 哥白尼的母亲也去世了。 母亲的去世彻底打破了哥白尼无忧无虑的童年生活， 使他们几个兄弟姐妹成了孤儿。 起初， 他们由姨娘照料。 后来， 哥白尼的舅舅从罗马回来， 承担起照料他们的义务。 舅舅把两个外甥——哥白尼和哥白尼的哥哥安杰伊一起带到利兹巴克的主教城堡里，成了他们热心负责的养育者和有力的庇护人。

二

在利兹巴克中学学习的时候，哥白尼第一次对天文学产生浓厚的兴趣。导师的教导，使他懂得了天文学家必须具备两件法宝——数学与观测。

1. 在利兹巴克中学

哥白尼被舅舅带到利兹巴克以后，就进了当地的中学。利兹巴克是一座文化名城，这里的学校也被认为是当时最先进的学校。哥白尼在这里受到了很好的基础教育，并为以后上大学做好准备。生活在舅舅身边，哥白尼得到很多指教，他在学校学到的知识更加充实，同时也了解了不少当时克拉科夫大学和欧洲科学文化中心意大利的情况。

哥白尼的舅舅乌卡什·瓦兹洛德是一个博学的人。他曾在波兰的克拉科夫大学和意大利的一些大学上过学，还作为波兰瓦尔米亚教区神甫会的特使在罗马教皇的宫廷里工作过几年。作为波兰人文主义者之一，他把意大利新的文艺复兴思想传入波兰， 是瓦尔米亚和沿海地区文艺复兴的先驱。 他也非常热爱科学， 和波兰的克拉科夫大学里许多著名的学者都有密切的交往， 甚至连波兰国王也很熟悉他。 瓦尔米亚和利兹巴克神甫会把他特意从意大利召回来， 让他担任瓦尔米亚教区的主教。 他又是一个热心的政治家， 喜欢玩弄权术。他虽然是一名神职人员， 但过的基本上是一般人的世俗生活， 并不完全受教义的束缚， 远没有笃信教义的献身精神。他像当时许多教会权贵一样， 从事神职工作， 不是出于对宗教的信仰， 而是出于现实的需要。 然而， 他给人的印象，却俨然是一个正人君子。 没有人因为布拉涅夫市的市长是他的私生子而告发他。 他像哥白尼的外祖父一样， 也是一个地区爱国主义者， 是十字骑士团不共戴天的仇敌。 十字骑士团也非常仇恨他， 甚至经常徒劳地祈祷："但愿这个穷凶极恶的魔鬼早日死掉。" 他是一个固执己见的人， 容不得反对意见。 他担任瓦尔米亚的主教时， 当神甫会的人不愿意服从他的某些指示时， 他曾威胁说要把所有的人， 甚至包括两个不听话的外甥全部赶走。 当然， 他是非常疼爱两个外甥的。哥白尼的许多政治观点， 也是从舅舅那里接受过来的。 是舅舅使他增加了对十字骑士团的反感和仇恨。 舅舅对哥白尼在生活成长道路上的影响， 更是超过了其他亲人。

哥白尼所上的利兹巴克中学， 虽说还是中世纪的学校，但学校里已经出现一些文艺复兴的迹象。 这当然都是教员带进来的，这些教员对哥白尼都曾有过较大的影响，其中对哥白尼影响最大的，要数沃德卡老师。

哥白尼在利兹巴克中学，一直受到沃德卡老师的关照。其中虽然也有哥白尼舅舅的情面，舅舅对付十字骑士团的严厉措施主张，赢得了许多人的敬佩，但更重要的还是由于哥白尼本人是一个学习刻苦、善于钻研的学生。特别是在天文学方面，他总有一些千奇百怪的提问。他的探索精神不能不让沃德卡老师对他另眼相看，沃德卡把哥白尼看成自己最得意的学生，经常约哥白尼到自己家里，让他任意挑选阅读自己的藏书，使他大大开阔了眼界，仿佛遨游在一个知识的海洋里。

沃德卡老师也并不是把哥白尼一直关在书房里，他更注重科学实践活动。哥白尼和沃德卡老师曾经一块儿制造过一架日晷，把它安放在教堂向阳的地方，用来测定时间。同时通过太阳投影每日每月周期性的变化，测定太阳和地球角度变化的规律。而哥白尼和沃德卡老师经常共同做的事，则是每当夜幕降临以后，爬到教堂的尖塔上观察天象。在那塔尖的高处，景象是那么奇妙！整个城市仿佛躺在深渊似的脚底下，四处寂静无声，犹如浸在一只漆黑的染缸里。隐隐约约的灯影在远远近近的窗户里忽闪，然后又一盏接一盏地熄灭。夜已渐深，人们陆续钻进温暖的被窝，进入甜蜜的梦乡。地上越是晦暗，天上的星星越是明亮。他眼前展现出庄严的、 深远得没有边际的天穹， 叫他感到陶然欲醉。 他似乎觉得大地从脚下消失， 人好像凌空浮游在一个透明无底的空间的正中央。 他沉醉在这种忘我的境界里。 有时他观察的时间太长了， 沃德卡老师不得不三番五次地催他回去歇息， 他却毫无倦意。 往往是在半夜以后， 甚至一直坚持到黎明之前， 他才从塔上回去。 而一夜观察收获的喜悦， 会把睡意赶得无影无踪。

2. 困惑

哥白尼很敬重沃德卡老师， 从他那里学到不少天文学知识。 但是也有一件事叫哥白尼不满意。 有一次， 哥白尼从老师的书架上拿下一本厚厚的书。 这本书他翻过不止一次， 特别是在折了一个角的那一页引起了哥白尼的特别注意。 那一页上有沃德卡老师的一段批注， 讲的是一个不吉利的甚至是凶恶的预兆， 说圣诞节晚上火星和土星排成一种特殊的角度， 这对匈牙利国王卡尔温会产生不利的影响。

哥白尼对沃德卡老师的这个批注， 百思不得其解。 他想起舅舅刚把他带到利兹巴克的时候， 他曾经在大街上看到一个跑江湖的小丑在变把戏。 那小丑把手探进一个看客的帽子里， 先是拉出一根长长的缎带， 然后把缎带揉成一团， 对它吹一口气， 那缎带又变成一个又大又宽的手绢。 那小丑把手绢摊平在一张小桌上，突然揭开手绢的一角，一眨眼工夫，手绢底下钻出两只红嘴白翅的小鸽子。那鸽子倒挺可爱，还互相亲亲嘴，欢快地抖动着翅膀。可那小丑却对看客们说："这对灵鸽是了不起的占星家，精通占星术，能未卜先知，预测吉凶。"那小丑还殷勤地要让灵鸽给一位太太排一排她的命宫图。哥白尼看到这里，非常反感，那一对本来挺可爱的鸽子也变得令人厌恶了。什么占星家、命宫图，自从哥白尼的父亲去世后，他一听到有人提到这些名堂，就感到厌恶。然而，哥白尼想，沃德卡老师的批注难道也是一种鸽子式的聪明，是一种捉弄人的招数吗？不，不，沃德卡老师是一个渊博的学者，和那跑江湖的骗子不是一回事啊。也许自己年龄还太小，不懂事，想在老师的见解里挑毛病，有点不自量力吧。然而，终于有一天，哥白尼还是向沃德卡老师提出了这个问题。

那天哥白尼又在看那本书，而且又对那一页上的批注思考的时候，沃德卡老师看见了，便高兴地问哥白尼是不是对那本书很感兴趣。哥白尼犹豫了一下，却怯生生地说："老师，这本用拉丁文写的书，我本来看着很吃力，好在您用波兰文加了很多注解，我才能勉强看懂。我多么感激您呀，可是——"哥白尼咂了咂嘴，没敢继续说下去。

沃德卡老师似乎看出了什么，便和蔼亲切地对哥白尼说："如果你有些看法和我不一样，那说明你肯动脑筋思考，有长进， 我很喜欢， 你有什么问题， 就大胆说吧。"

哥白尼很感激老师的这种精神， 便指着书中的那一段批注说："老师， 这处批注， 讲的是一个预兆， 说它将要应验在匈牙利国王卡尔温的身上。"

老师一本正经地说："是这样。"

哥白尼的眉头皱了起来， 说："这我就不懂了。 为什么这个卡尔温与众不同， 要受到特殊的应验呢？ 不管火星土星， 都是天空里的星宿， 为什么这两颗星之间的位置， 偏偏跟卡尔温发生关系呢？ 也许您要说， 这是命星的作用吧？"

沃德卡说："不错， 正是命星在支配一切。"

哥白尼的脸色变得忧郁起来， 一种痛苦的回忆在折磨着他的心。 他又说："父亲去世的时候， 那个天主教士也说过命星的话， 他说父亲的寿命早就写明在他的命星上。 可是， 如果认为一个人在地上所走的道路， 跟他头顶上的星宿是一致的， 如果认为一个人诞生时星宿的位置就决定了他的前程， 那么， 一个人到底有没有意志呢？ 占星术到底算不算一条正路？"

沃德卡老师没有马上回答哥白尼， 而是在出神地想着心事。 屋里一片沉寂， 哥白尼望着老师， 老师额上的皱纹加深了， 眼角边的笑意消失了。 哥白尼心里不免有点懊悔， 觉得不该对老师这样。 不过， 他可不是存心要惹老师生气。

其实，沃德卡老师并不生哥白尼的气，他之所以激动，是因为心里也在经历着一场斗争。他明白，这场斗争，关系着天文学的命运。不过，这也不是第一次引起他内心的斗争，他已经习以为常了。

过了一会儿，他便平静下来，用恳切的声音对哥白尼说："天文学家研究占星术，是几千年来的一个老规矩，我只不过是照前人的老路走罢了。至于你提的问题，的确很有意思，不过处在我的地位，很难给你指出应该走的路。"沃德卡老师停了一下，又兴奋地说："我虽然没有能力给你指出应该走的路，不过没关系，我们城里来了一位高贵的客人，是你舅舅乌卡什主教的好朋友，他是意大利著名的革命诗人、学者和杰出的人文主义者卡里玛赫，他受你舅舅的嘱托，要指点你的学业哩。"

3. 导师的教导

哥白尼听了沃德卡老师的话，又高兴又惊奇。他早就听说过卡里玛赫的名字，也听说过卡里玛赫在罗马领导过反对教皇的秘密活动。能接受这样著名人物的指教，他感到无限幸福。不久，沃德卡老师在一次赴主教府邸的宴会上，让哥白尼见到了他所仰慕的卡里玛赫。

卡里玛赫是一个矮小精悍、白发苍苍的老人。他虽然外貌并不惊人， 但他那威严的气派和犀利的目光， 使哥白尼一见就倾心敬慕。 哥白尼曾经读过卡里玛赫写的一首诗。 那是写他自己的坎坷遭遇。 诗里写到卡里玛赫从事革命斗争的青年时代。 他在罗马组织了一次推翻教廷统治的暴动， 但还没有来得及起义就被教廷破获了。 他侥幸摆脱了教皇圣·保罗的绞索， 可是保罗的魔手在到处搜捕他。 无论是在东方的拜占庭， 还是在最偏远的陆地或海岛， 卡里玛赫都受到排挤和陷害， 随时都有杀身之祸。 他逃到过苏索里亚、 贝洛波皇治、 克利塔、 索普尔……就连在这些荒无人烟的孤岛上，教皇也不容他找个地方安静地过上一夜， 对他这个敢于在基督的圣教罗马闹革命的人， 教皇说什么也不肯宽恕。 哥白尼多么羡慕卡里玛赫， 他觉得像卡里玛赫那样， 做一个英勇无畏的人， 投身在生活的激流中， 心胸就会像天空一样宽广，眼睛就会像星辰一样明亮。

卡里玛赫也很喜欢哥白尼， 他从哥白尼舅舅那里知道哥白尼从小就喜欢研究天时气象， 觉得很不简单， 就对哥白尼说："当你开始踏上研究天文学这条路时， 千万别走了邪路。沃德卡老师学识渊博， 确实是个令人尊敬的学者。 可是，他的思想有点保守， 只知道走前人的老路， 特别是那一套占星术的把戏， 是完全要不得， 不可信的。"

卡里玛赫的话， 仿佛一下揭开了哥白尼心中的一道帷幕， 使他一下子豁然开朗起来。 他一向对占星术感到不满，认为那是骗人的花招。 可是他又拿不准， 觉得自己小小年纪， 不应该把自己尊敬的沃德卡老师小看了。 而现在有卡里玛赫这样著名的人物给自己壮胆， 他觉得心里仿佛有一道清泉滋润着， 眼睛也更加炯炯有神了。 卡里玛赫看出他的话在哥白尼心里扎下了根， 就像种子撒在了肥沃的土壤里一样。 他又用威严的口气继续对哥白尼说："天文学家只有两样法宝， 你得牢牢记住： 一样是数学， 一样是观测。 你得首先把数学学到家， 在我们当代数学家的行列里， 你必须站在最前列； 至于观测， 要记住， 千万别把天体看成人类的奴仆， 要尊重它们独立的人格， 它们才不理睬尘世的生活哩！"

听着卡里玛赫的话， 哥白尼感到了他的激愤。 哥白尼不明白， 卡里玛赫怎么说着说着就动起了肝火。 这也难怪， 他小小年纪， 哪里知道当时的天文学宇宙观领域正进行着一场非常严峻的斗争。 当他还站在人生门槛的时候， 卡里玛赫的这番话， 正如指路的明灯， 照亮了他前进的道路。

沃德卡老师也听到了卡里玛赫的话。 他虽然有点保守， 但他人品正直， 对卡里玛赫的话也表示敬佩， 并且嘱咐哥白尼要记住卡里玛赫的指点， 去搜索宇宙的秘密， 去征服一个广阔的、 从来没有人插足过的天地。

三

克拉科夫大学把哥白尼培养成一个热爱科学和艺术的人文主义者。在这里,他成为第一个向"地心说"挑战的对手,并为他的划时代发现——"日心说"奠定了基础。

1. 克拉科夫大学

1491 年, 在舅舅的安排下, 18 岁的哥白尼来到了当时波兰的首都克拉科夫, 在克拉科夫大学读书, 从此开始了他的大学时代。 大学时代, 是哥白尼一生中的转折时期。 和哥白尼一同去读大学的, 还有他的哥哥安杰伊。 从利兹巴克到克拉科夫, 有几百公里的路程, 他们是乘坐马车去的, 在路上需要花费 10 天的时间。 这是他们最远的一次出行。弟兄俩虽然是初次到克拉科夫, 但对那里他们并不感到陌生, 因为克拉科夫也是他们的父亲生活过的地方, 当时仍有不少亲人生活在那里。 舅舅给两个外甥安排了舒适的生活条件, 使他们可以安静地、 一心一意地学习, 而不用像贫穷的学生那样去向克拉科夫市民乞讨，也不用靠帮别人补课或为有钱同学服务来弥补学习和生活费用的不足。

克拉科夫给 18 岁的哥白尼留下深刻印象。是啊，哥白尼的故乡托伦虽然和首都克拉科夫相比，还是略逊一筹，但是仍然全国最好的城市之一，克拉科夫当时不仅是全国的政治、经济中心，也是全国文化、科学和社交活动的中心。走在克拉科夫的大街上，可以听到欧洲各地的语言，也时常能碰到从托伦城来做生意的熟人。克拉科夫大学以其崇高的声望吸引着来自各地的青年，反过来，大学生又为城市增添了不少光彩。当时这所高等学府正处于兴旺时期，在这里他接触了许多深受国内外敬重的学者。很多外国人来到这里，带来了外部世界的信息。在这里最受欢迎的是来自意大利的人，他们不仅为克拉科夫居民带来新的风俗新的生活方式，也为渴求知识的人带来新的世界观和人生观。哥白尼的拉丁语很好，早在托伦的学校读书时，就打下了良好的基础，后来在利兹巴克深入学习时又得到了进一步提高。当时的拉丁语几乎是世界性语言，哥白尼和遥远世界的来客进行交谈，自然没有困难。哥白尼也会德语，因为德语是托伦一带很多市民阶层使用的语言，对克拉科夫的市民来说德语并不陌生。

当时，克拉科夫大学已经有 130 年的历史，它是继中欧布拉格大学之后的第二所大学。为了创办这所大学，波兰的几任国王和一些知名人士都做过不懈的努力。 建立大学是克拉科夫城的一大进步， 由此， 克拉科夫成为全国科学文化中心。 有了自己的大学， 就为国家培养了知识人才。 当时波兰正需要有知识的人， 尤其需要法律学者， 以便战胜十字骑士团的反波活动， 从法律角度揭穿十字骑士团的侵略性， 证明十字骑士团占领的土地是属于波兰的。 到哥白尼入学时期， 克拉科夫大学已经是对国家非常有功的单位。 该校的教授曾经作为国家的代言人出使罗马教廷， 也曾被委任为外交官、 国王的顾问等， 并多次代表王室和国家参加罗马教廷召开的高级神职人员会议。 校长帕维金·沃特科维茨在基督教高级会议上曾经同十字骑士团进行过激烈的辩论， 显示出杰出的才能和渊博的知识。 他在会上淋漓尽致地批驳了十字骑士团对波兰和波兰人、 波兰国王的诬蔑， 最后使诬陷人不得不收回自己编撰的控告书。 克拉科夫大学确实为国家赢得过许多荣誉。 克拉科夫大学的教授们有胆量， 站在受迫害的布拉格大学教授——所谓的异教徒首领胡斯的一边， 替他进行辩护。 克拉科夫大学接受了早期的人文主义思想， 然后加以发展， 并使之在全国扎了根。 正是因为这些， 当时欧洲很多国家的人都称赞克拉科夫盛开了科学之花， 这是毫不奇怪的。

哥白尼在克拉科夫大学求学期间， 学校有两千名大学生。 这里不仅招收波兰的学生， 也招收欧洲各国的学生。

这么多大学生使克拉科夫城变得更加热闹，几乎到处都能听到五花八门的语言和语调。拥挤的克拉科夫竟然能容纳这么多外国人，不能不使人感到惊奇。那些学生中，除了一般的世俗青年，还有一些神职人员和信奉禁欲主义的修士。学生的年龄差别也很大，既有十几岁的小青年，也有几十岁蓄着花白胡子的人，甚至是父子一块儿听课。那些神职人员除了受学校纪律的约束，还要受教会法规的约束。但他们生活在欢乐的年轻人中，便觉得自己也年轻了，有时竟忘了教规，背着教会当局，偷偷地过起世俗生活。辉煌的文艺复兴时期有助于人们更好地享受生活乐趣，严格的中世纪的苦行僧主义生活方式仅仅局限在修道院里，即使在修道院里也射进了文艺复兴的光芒。尽情欢乐的不仅仅是大学生，甚至高级神职人员也接受了世俗的生活方式。

克拉科夫作为科学和艺术之城，不仅吸引了不少大学生，也吸引了不少外国学者和其他各行各业的著名人士。其中有不少欧洲闻名的伟大人文主义者，最杰出的如布鲁泽尔的沃伊切赫，意大利的卡里玛赫。他们对年轻的哥白尼有很大的影响，对哥白尼的个性、政治观点和兴趣爱好的形成起了重要作用。当时克拉科夫不仅是本国和邻国青年满足求知欲的地方，也是某些国家，如意大利和德国，遭受迫害的人文主义者避难的地方。如哥白尼在利兹巴克中学时就见到过的意大利革命诗人卡里玛赫，就是因为受罗马教皇的迫害追捕，只好来到波兰避难。哥白尼在克拉科夫大学时期，正是卡里玛赫最得势的时候，甚至波兰国王都把他调到国王办公厅，让他当国王的顾问。哥白尼经常听卡里玛赫动人的演讲，也经常直接和卡里玛赫接触，接受卡里玛赫的指点。后来哥白尼动身去意大利学习时，就带了很多卡里玛赫给意大利的知名人文主义者写的举荐信。因此可以说哥白尼受到过卡里玛赫的许多关照。

2. 沃伊切赫老师

然而，对哥白尼影响最大的，莫过于克拉科夫大学的数学和天文学教授——布鲁泽尔的沃伊切赫。他唤醒了哥白尼对天文学的终生兴趣，正是这种兴趣导致哥白尼发现地球围绕太阳旋转这一伟大真理。沃伊切赫对哥白尼来说，不仅是学者和人文主义者的典范，也是富有公民道德、爱国主义和各种美德的楷模，这位优秀的人物影响了哥白尼的一生，是他最早在哥白尼的心中播下了怀疑的种子，使他敢于怀疑当时普遍公认的法则，正是这种怀疑，进一步激励哥白尼实现了具有划时代意义的发现。

哥白尼第一次和沃伊切赫见面，是他刚刚到克拉科夫的时候，不是在大学的课堂上，而是在参议员玛尔卡家著名的大花园里。这里葱郁苍翠的树林里挂满了鸟笼，珍奇的鸟儿放开歌喉，这座百禽园是许多著名学者、诗人和艺术家经常聚会的地方。他们听着鸟鸣，饮着美酒，纵谈天地万物。提到神学，他们是一致反对的；提到科学，他们是一致拥护的。遇到什么问题引起争论，往往急得面红耳赤，谁也不肯让谁。给他们排解纠纷的，总是那个意大利诗人卡里玛赫，这位教会的对头是大家公认的精神领袖。哥白尼正是在这样的聚会上，由卡里玛赫介绍他第一次认识了沃伊切赫。

从此以后，哥白尼不仅如饥似渴地听了沃伊切赫的全部课程，而且还经常参加沃伊切赫在校外举办的讲习班和学术讨论会。沃伊切赫善于把学生的数学爱好同天文学以及人文主义结合起来。他的兴趣也并不限于所教授的专业。他是一位视野开阔、知识渊博的学者，富有特色的教学天才。他讲起课来挺特别，有时并不按照书本讲，而是站在黑板前，用鼓励的眼光看看这个，瞧瞧那个，让人们一个个发表自己的见解。轮到他自己讲的时候，教室里则鸦雀无声，大家都仔细地听。对于种种陈腐的学说，愚蠢的偏见，他只消三言两语就能驳得体无完肤。有一次哥白尼参加学术讨论会，会议从早开到晚，开了整整一天。在大热的天气里，人们身上的衣服，都浸透了汗水。但是炎热的天气并没让人感到头昏脑涨，因为沃伊切赫的讲课总使人头脑清醒，仿佛服了一剂清凉剂。

沃伊切赫有许多渴求知识的学生，无疑，哥白尼是他最得意的学生。 沃伊切赫一项异常重要的发现， 就是月亮的轨道并不像过去人们说的那么圆， 它实际上是椭圆形的。 他还向学生讲授， 月球总是用一个面对着地球， 这是他对月亮进行多次观察得出的结论。 沃伊切赫经常带着哥白尼观察天象， 至于遇到难得的日食和月食， 他们更不放过观测的机会。 哥白尼在老师的启发下， 经常发表一些令人瞠目的见解， 对已知天文学现象做些别出心裁的解释。 也就是从这时起， 哥白尼踏上了创建自己的天文学理论的征程。

3. 勇敢的怀疑， 大胆的设想

原来， 当时天文学的基本理论之一， 就是托勒密的学说。 托勒密是距哥白尼 1300 年以前的天文学家。 托勒密学说宣称地球是宇宙的中心， 太阳和其他行星都绕着地球旋转， 这就是"地球中心说"。 而这种学说， 一直被封为中世纪教会统治时期的官方学说， 谁如果怀疑和否定这种学说，谁就是教会的对头。 但是， 哥白尼却是第一个怀疑和否定这种学说的人。

哥白尼在阅读古典文学作品的时候， 看到在古代就存在着不同于当时公开宣扬的、 普遍信奉的、 以托勒密学说为基础的天文学观点。 不止一个古典作家以文学形式隐晦地提出： 太阳是行星体系的中心； 而其他所有行星， 包括地球，都围绕太阳旋转。哥白尼还深入地学习研究了托勒密的一篇论文。这篇论文综合阐述了有关天体运动的知识。但他发现论文中存在着许多矛盾，尤其是地球中心说更是漏洞百出，托勒密的理论不能使哥白尼信服。大学老师的启迪，使哥白尼加深了这种疑虑。于是他便大胆地提出太阳是宇宙中心的设想。当然，哥白尼懂得，这只是设想，他一时还拿不出证据，要证实这种设想，就必须深入学习，认真观察测量，积累经验。幸好哥白尼生活的时代，存在着一种有利于对问题进行怀疑和探索，以便修正和推翻现行学说的气氛，这种气氛给人们认识世界的无限能量。哥白尼把自己的怀疑和设想，首先告诉了他所敬佩的意大利诗人卡里玛赫和他在克拉科夫大学求学期间最敬佩的沃伊切赫老师。

那是哥白尼在克拉科夫大学的第四个年头，哥白尼因故要离开学校，要向一些亲人告别，就这样，他最后一次来到沃伊切赫老师家里。正好，卡里玛赫也在那里。他们只简单地说了一些礼节性的话，很快就进入了关于天文学研究的正题。首先，卡里玛赫和沃伊切赫向哥白尼提出目前天文学上的根本问题究竟在哪里。

正好，老师提的问题也正是哥白尼日夜苦思冥想的一个问题。他看到老师鼓励的目光，便开始了他临时的“毕业答辩”。

哥白尼说：“过去，教授们在讲起宇宙的时候，总是说地球是静止不动的， 他们的理由有四条， 第一条理由是希腊的一个神话， 据说巨神阿特拉斯在反抗主神宙斯失败后， 受到处罚， 站在世界西边的尽头， 用肩膀托住地轴， 用头和手顶住天空， 所以地球就静止不动了。 第二条理由是以物理学为依据的。 据说阿拉伯王穆罕默德的灵柩在拱形墓室里悬着， 四不沾边， 什么支撑的东西也没有。 这就证明地球是静止不动的。 否则灵柩就没法保持原位了。 第三条理由也是由这个例子引申出来的。 据说如果地球会运转， 不仅灵柩不能保持原位， 就连地上的石头也会抛起来， 滚落到运转着的地球后面去。 最后一条理由是地球如果在不停地转动， 海水就会泛滥成灾， 淹没整个地球。"

"依你看， 这些理由能站得住脚吗？" 老师追问。

哥白尼理直气壮地回答： "依我看， 它们都站不住脚。就拿第二条理由来说， 表面上头头是道， 其实牛头不对马嘴。 穆罕默德的灵柩并不是没有支托， 它是用磁石牢牢吸住的， 地球静止不动也好， 运转也好， 对它反正一样， 它是感觉不到的。 但这只是一半， 还有一半， 那就是天体运行的轨迹。" 哥白尼说着， 从口袋里掏出一张星象图， 那上面画了大大小小的圆圈。 中央是一个小小的圆点， 那是地球，也是指宇宙的静止不动的中心。 地球周围有 7 道逐渐扩大的圆圈， 这是星体运行的轨道。 跟地球离得最近的是月亮，稍远一点的是水星和金星， 然后是金黄色的、 光度最强的太阳，然后就是高出太阳的三个星体——火星、木星和土星。这些星体都只画了墨点般大小，唯有太阳例外，给它标出了两道锯齿形的彩色线条，仿佛是为了对它的赫赫威势表示敬意。对比着这个庞大的太阳一看，我们的地球是那么不起眼的一个小不点。可是，正是围绕着这个小不点，那么庞大的太阳，包括所有的行星，也可以说整个宇宙，都在团团打转，表现得既顺从又规则。这就是1300年前托勒密画出的星象图，托勒密可谓天文学的老祖宗了，从古到今，这个星象图一直为天文学家们所珍惜。然而，哥白尼却对着他的老师说："不过，这个星象图我认为并不那么正确。"

卡里玛赫听了哥白尼的话，兴奋地说："话说得真不含糊，在1300年后，托勒密总算遇到一个敢于向他挑战的对手。"

"我还不敢说自己是托勒密的对手。"哥白尼谦虚地说，"我还只是天文学上的一个小学生。不过我觉得托勒密的学说是一种——"哥白尼向沃伊切赫老师看了一眼，老师也正含笑向哥白尼投去鼓励的眼光，哥白尼便大胆地说下去，"我觉得托勒密的学说是一种偏见。当然，照平常的眼光来看，每天早晨太阳都是从东方升起，晚上向西方降落，月亮也是从东向西地飞行。表面上看起来地球确实好像在静止不动。太阳和月亮似乎在绕着地球兜圈子。但是，我认为这只是人们视觉上的一种假象，就像航行在海洋上的船只，看着岸上的东西在变动，其实是海上的船在动。再说，像地球，在整个宇宙中是那么个小不点，它凭什么有那么大的力量拉着一大串星体，连同那个庞大的太阳，在自己身边打转呢？依我看，既然托勒密可以理解成地球是静止不动的，我也可以理解成太阳是静止不动的，既然托勒密可以理解成太阳围绕地球运转，我也可以理解成地球围绕太阳运转。这样，日升月落的现象就能得到更合理的解释。"

这是多么大胆的思想，多么英勇的挑战。作为一个二十来岁的年轻人，对一种统治了人类 1300 年的学说，居然提出了针锋相对的反驳。而谁反对这种"地球中心说"，在黑暗的中世纪，都被看作和教会作对。教会的对头卡里玛赫更加欣赏哥白尼的这种见解，他激动地对哥白尼说："有魄力，有眼光，你去转动地球吧，你去从神学家的手里夺回天空吧！你确实抓住了天文学的根本问题，你要把它抓得牢牢的，去开辟天文学的新天地。"

沃伊切赫老师也很赞赏哥白尼的见解。他也认为，行星的运行的确跟太阳密切相连。他鼓励哥白尼继续按照这个思路研究下去，踏上创建自己的天文学理论的新征程。

四

在文艺复兴的发源地意大利，哥白尼利
用数学和观测两件法宝，第一次用无可辩驳
的证据，证实了托勒密月球理论的荒谬。

1. 去意大利留学

1495 年，哥白尼离开了克拉科夫，来到瓦尔米亚的舅舅
身边。这是由许多因素促成的。当时哥白尼满以为可以把天
文学继续念下去。没想到有一天舅舅突然叫他中途退学，他
只好怀着依依不舍的心情离开克拉科夫。在克拉科夫，他学
到了丰富的天文学知识，也有不少要好的同学和朋友，最使
他恋恋不舍的是卡里玛赫和沃伊切赫老师，特别使哥白尼悲
痛的是，当他离开克拉科夫不久，这两位可尊敬的老人都先
后溘然长逝。

哥白尼带着丰富的知识和对国家大事的深入了解，回到
了瓦尔米亚。这时他不光年龄增长了 4 岁，而且成了一位成
熟的人文主义者，已经能为舅舅出谋划策，成为一名得力的

帮手。

这一时期，十字骑士团对瓦尔米亚地区仍然经常进行骚扰活动。有一次，哥白尼的舅舅乌卡什主教被十字骑士团的大公叫去参加谈判。因为乌卡什主教逮捕了一名十字骑士团的教士，罪名是那个教士殴打了波兰的一位教师。其实这个案子并不严重，十字骑士团的大公为了显显威风，故意小题大做。原来十字骑士团打定一个恶毒的主意，企图割断波兰和东北海岸的通道，霸占波兰的出海口，断绝波兰人的活路。当然乌卡什主教对十字骑士团的阴谋是绝不妥协的，他便带了哥白尼一起去参加谈判。

谈判那天，十字骑士团的大公把约会的地点定在布拉涅沃的郊野。他的如意算盘是认为把乌卡什主教喊出城来，就等于让他坐在了被告席上。可是十字骑士团的大公白等一场。傍晚的时候他得到通知，乌卡什主教请他到城里的市政厅谈判。他明白，这是乌卡什主教让他去坐在被告席上。后来他倒真的硬着头皮来了，耀武扬威的骑兵前呼后拥，刀出鞘，箭上弦，如同上阵冲锋一般。但是十字骑士团嚣张的气焰吓不倒乌卡什主教和哥白尼。他们两人细心地观察着，考虑着对策。谈判一开始，骑士团大公就提出罗马教皇赠给骑士团"特权"，说什么堂堂骑士团的教士，哪怕犯了杀人放火的罪，乌卡什主教也无权管。乌卡什主教冷冷一笑，用挖苦的口气说，教皇的确赠给过骑士团什么"特权”，但那些“圣谕”早就过时了。

哥白尼通过参加这次谈判，进一步懂得了十字骑士团是波兰民族的死敌，必须和他们做坚决的斗争。当他从布拉涅沃回来以后，就和舅舅一起，商量对付骑士团的策略，乌卡什主教很清楚，和十字骑士团的斗争是挺麻烦的，既要在战场上和他们交锋，又要在会议上和他们评理。十字骑士团是有罗马教皇撑腰的，于是他们总是抬出教皇的“圣谕”，说他们享受什么“特权”。而教皇的“圣谕”却是早晨一个说法，晚上又一个说法。十字骑士团就浑水摸鱼，曲解“圣谕”，占尽便宜。乌卡什主教知道，要战胜这个狡猾的敌人，必须有人精通教会的法律。他便决定派人到意大利学习教会法。但到意大利留学，需要很多钱，路费、学费、生活费等，算起来是一大笔数目，不是一般人家所能负担得起的。乌卡什主教本来想让哥白尼兄弟俩继续深造，如果在克拉科夫学习，他还是能提供物质保证的。但到意大利学习，他尽管有比较丰厚的收入，但也出不起那么多的钱。乌卡什主教决定让两个外甥先赴任瓦尔米亚主教区的神甫，然后就可以获得神职人员的固定收入，终生受教会的供养，而且去意大利留学的一切费用，也可以由教会负担。

本来，哥白尼对教会是反感的，他是一个无神论者，他所创立的天文学理论，也是和教会的教义相悖的。但是，哥白尼没有多加考虑，就欣然接受了舅舅的安排。因为他知道，当神职人员是为了能去意大利留学，而留学学习了教会法是为了能战胜十字骑士团。教会法的枯燥乏味也好，教士的袈裟使人难堪也好，就都不在话下了。哥白尼是一个把祖国的利益看得高于一切的人，甚至在 20 多年以后，他还在一篇论文里写道："没有任何职责比祖国的职责更神圣，为了祖国哪怕献出生命也应该。"

哥白尼在意大利留学的地方是意大利的北部古城博洛尼亚。为了赶在大学新学年开始之前到达那里，哥白尼在 1496 年夏天就从波兰出发了。这是哥白尼第一次出国。当时乘坐马车走完这段路程需要 40 天左右的时间。沿途要在城镇住宿，有时一住就是十几天。这样遥远的路程，哥白尼当然不是孤身独行，陪同他前往的是瓦尔米亚主教派往罗马的普兰格神甫及其随从。哥白尼虽然是初次来到意大利，但他对这里已经有很多了解。由于舅舅同梵蒂冈以及意大利很多人文主义者有着频繁的来往，所以哥白尼在瓦尔米亚期间就听到过很多有关意大利的情况，而在克拉科夫大学期间，哥白尼对意大利也有了更多的了解。

意大利能在十五六世纪成为重要的科学和文化中心不是偶然的。在此之前，许多意大利城市，特别是佛罗伦萨和威尼斯的经济发展，已经达到了相当高的水平。从古罗马帝国衰落之日起，意大利就分裂成许多小国。随着国家的繁荣昌盛，人们产生了一种怀古之情，普遍怀念强大罗马帝国统治世界的日子。 怀古者掀起一个学习古典作品的热潮， 对古老建筑的遗址发生了兴趣， 并且开始广泛收集被人们遗忘了的古典艺术品。 这就是文艺复兴运动， 首先在佛罗伦萨兴起。 文艺复兴时期新潮流派感兴趣的首先是人， 是人的本性和人的尘世生活。 中世纪时认为， 人在尘世间的生活仅仅是为了争取到天上获得永生。 他们抛弃了中世纪的观点。 由于他们关心的是人和人在尘世间的生活， 所以被称为人文主义者。

受人文主义影响， 科学也发生了根本性的变化。 中世纪的神学已经不再是科学的归宿和知识的核心。 学者们摒弃了许多中世纪的观点， 开始借助理智和经验从事科学研究工作。 正是这种对待科学的态度使他们有了很多发现。 然而，促进科学发展的不光是实验和探索工作。 研究和重温古典作家和学者的著作， 也起了很大的推动作用。 文艺复兴时期，不少人文主义学者接受了一些古代朴素的科学思想， 再加以发展， 再通过实践加以验证， 去伪存真， 对古代的发明加以利用。 哥白尼就是这样一个把实践经验同博览古典文学作品结合起来的学者。

意大利涌现了很多富有才华的学者和艺术家， 哥白尼在意大利留学时， 和他们中间的不少人有过接触。 也接触了一些不受教会权威影响的自由思想者， 甚至在教皇的宫廷里也碰见过只相信自己的理性， 而不承认任何权威的无神论者。 哥白尼在意大利的博洛尼亚也能够过世俗生活。 他虽然是神甫，但除了学习知识外，并没有什么宗教义务。只有在参加重要的宗教仪式时，才受一些宗教义务的束缚。

哥白尼在博洛尼亚学习的专业是法律、数学、天文学和希腊语。波兰人到那里求学已经有三个世纪的历史，哥白尼的舅舅乌卡什·瓦兹洛德就是在博洛尼亚获得博士学位的。哥白尼所学的法律专业，虽然很枯燥，很不对他的胃口，但他还是按规定进行学习，因为这是以后对付十字骑士团必须熟练掌握的武器。在学习中，无论在教会法规方面，还是在以罗马法律为基础的世俗法律方面，他都获得了优异成绩。哥白尼在博洛尼亚除了学习到许多法律知识，希腊语学得也很好。后来他曾把泰奥菲拉克特·西莫卡塔用希腊语写的书信集非常出色地翻译成拉丁文，并于 1509 年在克拉科夫出版。然而，哥白尼倾注精力最多的，还是他所酷爱的天文学。

2. 博洛尼亚的月亮

哥白尼在博洛尼亚期间，曾经住在著名的天文学家马里亚·迪诺瓦拉的家里。马里亚教授是五次受勋的大学者，他拿出了自己的全部学识教导哥白尼，支持他的研究。马里亚教授也和哥白尼一起，做过多次天文观测。

这一时期，哥白尼曾读了德国著名的天文学家雷吉蒙腾写的《天文学评述》 一书。 这本书是雷吉蒙腾对古代天文学资料进行系统整理后写的。 雷吉蒙腾在这本书里， 提到了托勒密月球理论的不可靠。 原来， 托勒密根据地球是宇宙中心的理论， 运用一套复杂的算式， 给月球得出一条古怪的规律， 说什么上下弦的月亮离地球的距离， 要比满月时离地球的距离缩短 1／2。 哥白尼认为， 如果根据这个理论， 就会得出十分荒谬的结论。 因为， 观察的距离缩短， 物体的体积看上去就增大。 根据托勒密的月球理论， 因为上下弦的月亮比满月时的月亮离视距离近， 那么上下弦的月亮看上去就应该比满月时显得大。 如果看上去不大的话， 就只能在上下弦时月亮自己会缩小， 而且其直径要缩小 1／2， 并且每隔一个月， 月亮就要这样缩小放大一次， 这难道不是荒谬透顶的吗？ 哥白尼决定找出真凭实据， 来证明托勒密的说法并不正确， 即上下弦的月亮距离地球并没变化， 上下弦的月亮大小也没有改变。 因为托勒密的这种月球理论， 是根据他的"地球是宇宙的中心" 的学说演算出来的， 推翻了这个理论，就等于把托勒密的学说打开了一个缺口。 正好， 根据哥白尼多次的观察测算， 一个特殊的天文现象将要出现， 哥白尼当然早已准备好对这次特殊的天文现象进行更加认真仔细的观测。 他担心的是， 这次观测能不能得到预期的结果， 如果能得到预期结果， 就等于找到了推翻托勒密月球理论的真凭实据。

　　这天晚上终于到了， 等到星辰发出闪烁的光芒时， 哥白尼和马里亚教授抱着观测仪器登上了圣·约瑟夫教堂高高的平台。 两个人同时抬起头来， 寻找那颗名叫"毕宿五" 的红色星星。 他们一下就找到了这颗星星。 朝着这颗星星的方向， 半边上弦月正在浮游过来。 它虽然游得很慢，却是毫不迟疑地向"毕宿五" 靠拢， 任何力量也不能扭转它的航程。

　　这时候， 几乎没有一丝微风， 天穹纯净清澄， 纤云不染， 仿佛一个巨大而深邃的舞台拉开了重重帷幕， 显示出一个无底的深渊。 整个宇宙好像在期待什么重大事件似的， 显得庄严静穆。 哥白尼和马里亚教授细心地拨准仪器， 动手测量， 来给肉眼的观察作补充。 他们必须十分精密地确定现象发生的时刻。 时间不知不觉地过去了， 明朗的上弦月越来越靠近那颗红色的"毕宿五" 亮星。"毕宿五" 仿佛有点害怕半边月亮的光辉似的， 显得有点惊慌畏缩。 哥白尼和马里亚教授望望地面， 整个城市已经进入沉沉的梦乡。 时候到了，"毕宿五" 一下子消失了， 仿佛一滴落在烧红的铁砧子上的露珠一样。 但是"毕宿五" 消失的地方， 并不是在明亮的半边月亮的后边， 而是在它的另一个半边的后边， 是月亮的阴影部分把它给遮挡住了。 这一观测结果， 说明月亮虽然表面看上去有了亏缺， 但它的大小并没有改变， 月亮也照样还是圆的， 那亏缺的部分只是因为没有了亮光， 人们用肉眼看不到罢了。

　　哥白尼和马里亚教授警觉地守在仪器边，又继续观测了一阵，然后就从平台上奔下楼梯回到屋里。哥白尼用颤抖的手把记录本放到桌子边，两个人就开始演算起来。他们从前半夜一直演算到第二天黎明，演算的结果终于证实了他们的预测，即月亮离地球的距离，在亏缺或盈满的时候是完全一样的，月亮的大小也没有改变，托勒密的月球理论是错误的。

　　等到他们把这一切都做完时，马里亚教授面容疲倦、布满皱纹，但眼睛里却闪着愉快的光芒。哥白尼更是激动得眼含热泪。他们深深地舒了几口气，仿佛赛跑运动员终于跑完了第一段赛程。哥白尼第一次用观测和演算推翻了托勒密学说的一部分，这可谓有了真凭实据。但在天文学研究方面，前面的路还很长很远，也更艰难。第二第三段的赛程还等待着哥白尼继续跨越过去。

五

在意大利，经过 7 年的学习，哥白尼获得了法学博士学位。他以一丝不苟的科学态度，遨游在天文学的太空，并为他的划时代发现初步构思出一个总的轮廓。

1. 罗马大学的讲坛

哥白尼在博洛尼亚已经 5 年了。 按说哥白尼在意大利求学的经费应该由教会供给， 但在很长时间里， 他却得不到教会的一文钱， 于是哥白尼在博洛尼亚的生活经费越来越紧张， 只好托人向别人借高利贷， 甚至不得不像贫穷学生那样， 为富人服务， 来挣一些。 在 1500 年到来之前， 哥白尼为了谋生计， 便来到了罗马， 在一个名叫"爱智学社"的团体里担任了数学教师。

1500 年被亚历山大六世教皇宣布为和平之年。 这是全体基督教徒的节日， 罗马城举行了丰富多彩的庆祝娱乐活动。哥白尼在这里见识了许多当时欧洲知识界的名流， 也见到了一些自己的波兰同胞，其中有克拉科夫大学的校长马切伊，还有他的同学，后来成为波兰副首相兼外交大臣的彼得·托米茨基。正是哥白尼的这些很有威望的朋友和罗马大学进行交涉，组织了一次特邀的公开演讲，参加听讲的除罗马大学的学生外，还有科学界、宗教界和政界的一些知名人士。

亲自到哥白尼住处请他演讲的，是罗马大学的庞因特里教授，他是一位多才多艺的学者、诗人和历史学家。他请哥白尼去罗马大学作报告，是校委员讨论决定的。哥白尼感到满心疑虑，他觉得到罗马来做客的天文学家有很多，而且都是些大名鼎鼎的人物，像自己一个初出茅庐的学生，能得到另眼看待，不禁感到意外。庞因特里教授却说："请不要客气，哥白尼先生。自从您在博洛尼亚跟马里亚教授观测过'毕宿五'以后，您的名字就传遍了意大利。特别是您那个大胆的新学说，即把太阳当成宇宙中心的学说，已经成为学术界的头号新闻。许多学者想亲自听到您的高论，特别是我们那些年轻的大学生，对您更是表示极大的欢迎。"

哥白尼却说："尊敬的教授，我衷心感激您的抬举，不过关于这次报告的内容，请允许我另有安排。"

在报告会开始以前，会场上已经挤满了听众。其中有许多杰出的学者，已是白发苍苍，神色威严。有的耳朵不灵便，就尽量往前坐，甚至坐在讲台的台阶上。有的人为了便于讨论，就亲密地坐成一圈。没有座位的人就站在后排，更有一些热情的大学生， 会场里挤不下， 他们就只好挤在会场外的窗台边。 他们都听信庞因特里教授的推荐， 认为这个只有二十五六岁年轻的报告员将要提出一种太阳是宇宙中心的新学说， 这可真是难得的机会。 但也有一些人不以为然地说："听说这个报告员连个科学家的学位都没有， 居然到堂堂学府来作报告， 还说要谈什么宇宙中心的新学说， 这分明是哗众取宠。 依我看， 他只会闭着眼睛瞎吹， 讲得天花乱坠， 让别人给他鼓掌叫好。"

哥白尼出现在讲坛上的时候， 全场顿时鸦雀无声， 人们都全神贯注听着他的演讲。 他讲得很流畅， 很生动。 他讲到了他在博洛尼亚跟马里亚教授一起度过的那个晚上， 讲了他们一起观测月亮， 演算了一个通宵， 终于发现了托勒密的错误。 他讲的那些话， 是经过数字证明， 经过观测验证的， 字字都有根有据。 科学家都非常佩服他这种实事求是的精神。 原来那些不以为然、 说讽刺话的人， 也一眼不眨地倾听着， 心中暗暗称赞。

不过大家都抱着一种期待之情， 认为哥白尼一定把最精彩的部分， 即他的太阳是宇宙中心的新学说， 放在报告的结尾， 可是就在这时， 哥白尼表示他的报告完了， 内容就是上次观测月亮的结果， 没有一句多余的话。

全场的人都惊奇得呆住了， 你瞧瞧我， 我瞧瞧你， 不明白哥白尼为什么急匆匆地走下了讲坛。 庞因特里教授急忙走到哥白尼身边，和哥白尼交谈了几句，然后便满面春风地快步走上讲坛，大声向听众们解释说："朋友们，我们尊贵的客人哥白尼先生，真不愧是个科学家。他讲的每句话都是有根据的，没有一句是虚构的。至于他的太阳是宇宙中心的新学说，他一个字也没提，是他不愿意危言耸听，哗众取宠，因为他需要更充实的证据。"

会场上这才爆发出一阵热烈的掌声，大家都站起来向哥白尼表示敬意，佩服他这种一丝不苟的科学态度。从此以后，哥白尼在罗马的声望更高了。

2. 在帕多瓦学医

哥白尼在罗马待了一年时间，他和哥哥安杰伊终于等来了一笔教会供给的钱款。然而，当他们得知这笔钱不是他们继续学习的费用，而是他们返回弗龙堡神甫会的路费时，他们又惊讶又失望，无奈只好踏上返回祖国的途程，于1501年7月，回到弗龙堡神甫会，请求教会延长他们留学的期限。哥白尼在国内待的时间虽然不太长，但也够他难受的了。原来他最敬爱的沃伊切赫老师和他分手以后，受到教会的排挤，被迫离开了克拉科夫大学，到立陶宛去当皇上的秘书，结果闷闷不乐地死在那里。他最敬佩的意大利诗人卡里玛赫，那个曾经给他指引过生活道路的政治流亡者，始终没有回到自己的故乡意大利， 而死在波兰寒冷的国土上。 哥白尼觉得， 这些永远离开了他的亲人， 仿佛都在责问他是否辜负了他们的期望。 他怀着激动的心情， 重新回到意大利继续学习， 但这次回意大利教会指定他学习医学， 为了学完以后回来担任主教和神甫会神甫们的专职医生。

哥白尼这次返回意大利， 选择了当时欧洲最有名的帕多瓦大学就读， 当时许多著名医学专家都在这所大学任教。 哥白尼兄弟俩返回意大利后开始分道扬镳， 哥白尼来到帕多瓦， 而安杰伊则直奔罗马。

帕多瓦属于威尼斯共和国。 当时威尼斯共和国是一个强国， 在政治外交方面都有举足轻重的作用。 这里的经济相当繁荣， 为文化发展提供了良好的条件。 帕多瓦大学没有单独的医学系， 只是在人文学系中有一个医学专业， 所以哥白尼必须在人文学系注册登记。 该系的系主任是庞波尼乌斯， 他要求赋予学者研究宗教教义的权利， 这在当时来说， 是一个非常大胆的主张。 这位系主任的观点十分符合哥白尼的想法。 在这种气氛中， 哥白尼可以公开地发展自己的爱好， 大胆地创立和发展自己的学术理论。

中世纪的医学包含着许多神秘的魔法和巫术， 而它依靠的首先是宗教的威望。 很多世纪以来， 人们一直把生病看成是天命， 有时也说成是上帝的惩罚。 甚至还有的地方认为生病是上帝的恩赐。 因此， 认为最有效的药物就是向造物主及

其圣徒祈祷。 这就是许多世纪以来医学教学的基础。 但是，
非正式的科学医学研究工作也在悄悄地发展着， 这种科学研
究， 丰富了人们的医学知识， 纠正了许多所谓正统的医学观
点。 以草药为主的民间医学， 有着独特的生命力。 而文艺
复兴时期对人和人的现实生活所产生的全面兴趣， 更极大地
促进了医学的发展。 通过尸体解剖， 实现了许多革命性的发
现。 哥白尼生活时代的医学还同占星术和天文学有着密切的
联系， 当时人们相信， 星宿位置的变化对人的健康是有影响
的， 很多药物的使用方法也要按天空中行星的位置来确定。
哥白尼虽然对占星术不相信， 但这对学医的哥白尼来说， 正
是从事天文观测和天文研究的极好机会。 把学习医学同发展
天文爱好结合起来， 或者反过来， 把学习天文和爱好医学结
合起来， 这是当时很典型的现象。 教会也逐渐扭转了对医学
的成见， 解除了对做外科手术和解剖尸体的禁令。 但是根据
教会法规， 神职人员是不能做手术的。 所以从医的神职人员
都不搞外科， 只看内科疾病。 不过哥白尼属于低级神职人
员， 教会法规对他的要求不那么严格。

　　帕多瓦大学的医学专业学制为三年， 其中包括在著名医
生指导下进行的实习， 然后是考试和毕业答辩。 哥白尼广泛
阅读了几个世纪以前的和当代的医学著作， 并把从书本上读
到的知识同自己在医院的观察进行认真的比较。 他当时使用
过的医学课本上， 写下了不少批注， 记录了他当时的意见和

看法。 其中有些内容现在看起来是很可笑的， 由此不能不使人对患者产生同情之心。 譬如那上面记载了这样一些处方："用橡实的汁清洗， 有助于治疗瘘管和溃疡。""用果树树脂在啤酒中烧开三次， 然后在吃饭时喝下， 有助于治疗痛风。"但是， 哥白尼在接受别人传授给他的药方时， 总是通过医疗实践对这些药方进行筛选， 进而得出自己的结论。 哥白尼在医学书的空白处记下的话， 不光有各种有趣的医学知识和其他各方面情况， 也有他本人的批评和看法， 比如有这样一段话："这要么是假的， 要么是从来没有过的事， 所以我不能相信它是对的。" 从这里可以看出哥白尼对任何学科都有一种怀疑和探索精神。

哥白尼在学习医学的时期， 还必须通过法学博士考试。不久， 哥白尼转入了费拉拉大学， 于1503年5月31日， 参加了他一生中的最后一次考试。 他首先宣读了自己的博士论文， 然后从自己的学科监护人、 学位授予人安东尼尼斯·莱夫图斯教授手中接过一本书， 表示要把所学的知识永远铭记在心。 接着， 学位授予人把这本书打开， 表示考生所学的知识还是不够的， 还应该继续深入学习， 以丰富所学的知识。 紧接着给哥白尼戴上一顶四角博士帽， 同时把一枚象征思想和行为纯洁的金戒指戴到哥白尼的手指上。 最后一项活动是象征和平与和睦的亲吻。 考试委员会主席用最庄重的话语对毕业论文给予肯定， 公证人则记录下这样一段文字："尊贵的和博学的、来自普鲁士的尼古拉·哥白尼先生——瓦尔米亚的神甫……在博洛尼亚和帕多瓦学习结束，批准授予教会法法学博士学位。无人反对，由上级助理教务主教先生授予。"于是，哥白尼的这段学习，终于以获得教会法法学博士学位而宣告结束。就这样，他履行了享受弗龙堡神甫会助学金所承担的义务。

3. 走近真理

哥白尼接受学位的仪式结束以后，又返回帕多瓦继续学习医学，这时候，他有了很多时间用于医学、天文学和语言学的学习，再也不用为枯燥的法学学习而分心了。他可以更深入地钻研古代哲学家和天文学家的论著，更深入地推敲他们提出的观点。在这期间，他又结识了一些意大利杰出的学者和诗人，他的思想也达到了反神权的新高峰。他在学习希腊文的头一批生字里，就写下了神学的同义词：废话！每逢他看到神学家的著作，就会不客气地加批注。有的书上他就批道："恶棍，蠢材，低劣作家。"

这时候，哥白尼距离自己的天才发现已经很接近了。他在笔记本上写了这样一段话："菲洛拉奥斯承认地球是动的，听人说，塞莫斯的阿里斯塔克也是这种看法……这是可信的。……但是，这种事情，只有敏锐的天才经过长期研究才有可能解决。 因此……当时懂得行星运行理论的哲学家为数很少， 多数人都隐藏起来。 如果说菲洛拉奥斯或毕达哥拉斯的某一个信徒明白了这一点， 那他大概也没有向后人传播这种理论。 因为毕达哥拉斯的信徒们遵守了这样一条原则， 即不通过书籍传播， 也不向所有人说明这一哲学的全部秘密， 仅仅透露给知心的朋友和亲人。" 在哥白尼生活时期也一样， 对这种观点持小心谨慎态度是必要的， 因为这种观点是违背教会权威所支持的世界观的。 在意大利学习期间， 哥白尼不仅耳闻， 而且也目睹了一些公然敢于冒犯教会学说的人的命运和下场， 这使哥白尼十分清楚发表不同理论可能带来的后果。 哥白尼之所以没有及时地把自己的理论公开发表， 一方面是由于他不愿意和那些遭难的人有相同的命运， 另一方面是他需要搜集更多无可辩驳的证据和论据。

在意大利生活期间， 哥白尼进行了大量枯燥的计算工作， 反复核算了历法。 出于编制历法的需要， 他观察并记录了大量的天象资料。 在克拉科夫大学学习期间， 哥白尼已经掌握了计算时间和推算日历的烦琐技术， 在意大利学习期间， 随着数学知识的增长， 他进一步完善了自己的计算技术。 哥白尼博览群书， 学习了解过古代埃及和中国的历法。东方学者首先研究天文学， 其次是巴比伦学者。 巴比伦人计算了行星运行中不同时期所用的时间， 发明了早期的天文仪器。 埃及人把昼夜划分为 24 个小时， 确定了一年的长度，发明了计算时间用的滴漏。希腊人吸取了埃及人的经验，却不赞成有关太阳在行星运行中起中心作用的理论，并忽视了埃及人的一个观察结果，即金星、水星是围绕太阳旋转的。巴比伦人也在很早就指出过：太阳的力量使行星悬在空中做不停的运动，并且影响着一年的四季变化和天气变化。阿纳克萨戈拉曾经得出结论：月亮是被太阳照亮的、本身不发光的固有实体，并解释了月食的道理。阿里斯塔克说过：地球可能是围绕自己的轴心和围绕太阳旋转的。哥白尼通过学习研究，感到这些最古老的太阳理论都更加接近真理。然而，这些观点都被托勒密给推翻了。托勒密"定住了地球，转动了太阳"，在 1000 多年的时间里，天文学都是以托勒密的理论为基础的。托勒密的理论作为符合圣经的理论，得到教会的支持，成为法定学说。任何人违背这一学说，都将引起最高宗教当局的狂怒。从托勒密时代以来，先后也有许多学者试图推翻托勒密的学说，但在国际舆论方面，在哥白尼之前，还没有任何人能通过令人信服的凭据达到这一目的。

在消除"天文学的陈旧垃圾"方面，哥白尼的先驱们做了许多工作，但实现天文学革命的主要担子最后还是落在了哥白尼身上。先驱们为哥白尼打好了基础，留给哥白尼的却是最重要的任务。在大学就读的时候，哥白尼已经掌握了当时人们所揭示出的天文学的所有奥秘，当时他有许多时间从事科学研究，但最终完成这项科学革命却是他回国以后的事。在履行公务的闲暇时间，他可以从事研究工作，完善自己的理论。在意大利学习的时候，他已经为自己的学说勾画了一个总的轮廓。后来为充实这一轮廓，他付出了将近40个春秋。

1503年秋天，哥白尼带着渊博的知识和丰富的科学经验，从意大利回到自己的祖国波兰。哥白尼对文艺复兴的发源地意大利是十分留恋的，但他更愿意用自己所学的知识，报效自己的祖国。正如哥白尼所说的：祖国给我的好处，我一辈子都报答不完。意大利的天空是明净的，像少女的眼睛一样叫人着迷。尽管这样，我也不愿拿祖国多云的、阴郁的天空跟它调换。我宁愿回国亲自削几根桦树枝做仪器，也不能贪恋这里完整的设备。当然，我也忘不了意大利，我在这里找到了揭开宇宙奥秘的一把钥匙。哥白尼回到波兰，把学者的理想和人文主义者的愿望融为一体，在科学研究中重视实践，锲而不舍，从不迷信任何权威，终于成为波兰复兴时期最杰出的人物。

六

哥白尼怀着赤子之心回到祖国。为了祖
国的利益，他协助舅舅同觊觎瓦尔米亚的十
字骑士团进行针锋相对的斗争，成为舅舅忠
诚的和富有才智的助手。

1. 在舅舅身边

1503 年秋， 法学博士哥白尼在离开祖国近七年之后， 回
到弗龙堡神甫会。 差不多在同一时期， 哥白尼的哥哥安杰伊
也带着博士学位证书从罗马回到了波兰。 兄弟俩必须把自己
在国外的学习情况向神甫会作详细汇报， 并且要出示证据，
说明自己作为享受助学金者所履行学习义务的情况。 不久，
他们又到利兹巴克拜访了担任瓦尔米亚主教的舅舅， 对舅舅
多年的关心哺育表示感谢。 现在他们已经是完全独立的人
了， 他们的物质生活条件也不错。 为了向慷慨的舅舅表示感
激之情， 他们意识到应该还债了。 这时， 他们的舅舅需要
的不是钱， 而是忠诚和富有聪明才智的顾问。 舅舅的目光一

开始就落到了哥白尼身上。 舅舅对哥白尼的评价是很高的，对他也更信任。 从此， 哥白尼就留在舅舅身边， 一直到1512 年舅舅去世。

哥白尼的舅舅乌卡什·瓦兹洛德主教向弗龙堡神甫会提出自己的愿望， 希望解除他在主教区首府坐班办公的义务， 并任命哥白尼担任他的随从神甫和医生。 哥白尼不仅是舅舅的保健医生， 也是舅舅的秘书和顾问。 舅舅常常把最复杂最棘手的问题交给他处理。 哥白尼虽然是舅舅的保健医生， 但他愿意为所有的病人治病， 不管是穷是富， 也不管门第如何。他尤其关心穷人的疾苦， 免费为他们看病， 有时甚至主动给他们送药。 同时， 也有许多知名人物慕名到哥白尼这里求医。 请哥白尼治病的知名人物， 除舅舅外， 还有瓦尔米亚主教的继承人法比安·丹蒂谢克、 海乌姆诺主教蒂德曼·吉斯。 哥白尼也曾试图把哥哥从可怕的疾病中拯救出来。 作为一名医生， 哥白尼的声望已经超出了瓦尔米亚地区， 他曾多次被请到格但斯克和奥尔什丁去给人看病。 各式各样的名人权贵不止一次向神甫会提出请求， 希望聘用这位医术高超的医生。 直到哥白尼去世前不久， 普鲁士大公阿尔布雷希特一直都是接受哥白尼治疗的患者。 阿尔布雷希特大公曾经向弗龙堡神甫会提出请求， 希望能把哥白尼派到大公的首府克鲁莱维茨。 为了给自己的朋友普鲁士大公看病， 哥白尼在将近70 岁高龄的时候， 还不得不乘马车奔波往返。

舅舅乌卡什主教需要哥白尼做他的医生，更需要做他的顾问和同事。乌卡什主教是一个有学问的人，同时也是一个成熟的和富有热情的政治家。哥白尼留学回来的时候，这一带的政治局势十分复杂，乌卡什主教的处境也比较艰难，他管理的地区对波兰来说，无论从经济角度，还是从战略角度，都是很重要的。当时的瓦尔米亚地区被波兰的敌人——十字骑士团三面包围着。一直觊觎瓦尔米亚的十字骑士团正在寻找机会，企图把它攫为己有，这里时常能够听到敌人磨刀擦枪的声音。在这种情况下，哥白尼没有多少时间能够安静地从事科学研究工作，他必须为舅舅出谋划策，帮助舅舅解决棘手的政治问题、法律问题和经济问题。哥白尼同舅舅一起参加了反十字骑士团的活动。舅舅对哥白尼的能力、智慧是十分赞赏的。可以说，哥白尼也是个出色的政治活动家。

文艺复兴时期的文化、科学和艺术在波兰也得到迅速传播，并且在一些优秀艺术品、文学作品和典型建筑中得到充分体现，这些优秀作品一直被人们叹为观止。这一时期，波兰在内政方面也发生了影响深远的变化。基督教改革运动从德国传入波兰，并且得到很快推广，几乎没有发生什么流血事件。波兰为一些受迫害者提供了避难所，因此波兰被称为"没有火刑柱的国家"。正是这种有利于独立思考的气氛，哥白尼得以在许多领域开展深入的探讨活动。普遍的改革气氛使他产生了改革者式的思想见解。 在舅舅身边工作，使他获得了许多从事行政工作的经验， 遇到什么事情， 他已经能够独立提出自己的见解。 哥白尼的工作深得弗龙堡神甫会的赞赏。 神甫会让他担任了行政和经济职务。 作为神甫会的视察员， 他曾负责过财政监督工作， 对神甫会的全部财产和各种财政事务进行监督。 从 1510 年起他担任了瓦尔米亚神甫会办公厅主任的高级职务， 还负责食品供应处的工作。 这一时期哥白尼经常奔波于利兹巴克-弗龙堡-奥尔什丁-马尔堡这条路线上。 而在这些工作中， 最麻烦最费精力的， 还是对付十字骑士团的事。

　　由于哥白尼和舅舅一道参加反十字骑士团的斗争， 十字骑士团从哥白尼一出现在利兹巴克的头几年就开始注意他了。十字骑士团仇恨哥白尼的舅舅， 也仇恨哥白尼。 当时的斗争十分尖锐复杂。 有一次， 十字骑士团的代表到教廷来参加一次盛大的宴会， 竟趁机派遣了一些奸细。 接待十字骑士团来使的任务一向交给哥白尼， 哥白尼对他们每个人的相貌特点和性格都有研究， 他们会提出什么要求， 会援引教会法的什么"条款"， 哥白尼事先都有准备。 作为一个法学博士， 哥白尼随时都能和他们评理， 要想在他面前耍花招占便宜是办不到的。 那一天， 哥白尼坐在宴会厅一个较高的座位上，他警觉地发现了一些形迹可疑的人到处乱钻， 他们那种眼露凶光、 满脸杀气的样子， 简直像从绞刑架下逃脱的强盗。

哥白尼暗暗提高了戒备。 当天晚上， 他去舅舅的卧房里商讨局势， 突然发现床头的小茶几上， 舅舅服用的药酒颜色很不正常， 他就马上联想到白天看到的形迹可疑的人。 于是他走过去端起酒杯， 用两块面包蘸上酒， 扔在地上。 趴在舅舅脚边的一只卷毛狗看见了， 高兴地扑过去， 三口两口吞下面包， 不一会儿， 那狗就惨叫一声， 直挺挺地倒下来死了。 就这样， 哥白尼救了舅舅的命。

十字骑士团的奸细遍布各地， 尤其在他们仇视的瓦尔米亚主教周围更是安插了不少密探， 十字骑士团的情报人员也把注意力落在哥白尼身上。 作为一名天文学家， 哥白尼熟悉制图工作， 并能绘制地图。 舅舅曾吩咐他绘制一张瓦尔米亚西部边界的地图， 也就是波兰和十字骑士团国家交界的地图。 十字骑士团的密探探到了这种情况， 就指使奸细， 偷偷把哥白尼的房间搜了个遍， 结果并没有得到那张地图， 因为哥白尼很机警， 早把那份重要的地图锁在一个保险柜里了。

2. 出色的翻译家

哥白尼的内政外交事务尽管很忙， 但在这繁忙之中， 他照样能找到从事科学研究甚至文艺创作的时间。 在利兹巴克期间， 哥白尼完成了几年前在博洛尼亚就开始的一项翻译工作。 他把 7 世纪拜占庭作家泰奥菲拉克特·西莫卡塔的希腊文作品《风俗·田园和爱情信札》 翻译成了拉丁文。 这是哥白尼的第一部作品， 出版于 1509 年。 这部作品在波兰印刷史上占有重要地位， 不仅因为它的翻译者而有名， 也因为它是波兰印刷的从希腊文译成拉丁文的第一部作品。 这本书出版以后， 哥白尼在一个精装本上题了字， 送给了他的舅舅，并顺便给舅舅写了一封信。 他的信是这样写的：

尊贵的瓦尔米亚主教乌卡什先生：

最值得尊敬的先生和祖国之父，我深深地感到……那位拜占庭的作家泰奥菲拉克特·西莫卡塔把自己的风俗资料、乡村通信和爱情信收集起来，大概是出于这样一种考虑，即认为没有什么能比多样化更吸引人了，不同智力的人在不同事件中得到乐趣，一部分人被严肃的事重要的事迷住，另一部分人则被轻松愉快的事所吸引。有人接受冷静话语的诱惑，也有人却迷恋于童话故事，真是各有各的爱好。事情就是这样，轻松和严肃混在一起，放纵和苛求融为一体，读者可以从中加以选择，就像在百花园中摘来鲜花一样，每个人都能找到最喜爱的东西。这本书里含有很多有用的东西，我们不能把它单纯看成普通的书信，应该看成是人类生活的规范。这些书信的精彩，足能证明这一点。这里收集的全是最精彩的内容，最丰富的作品。对描写风俗习惯和田园风光的作品，人们一般不会产生疑虑。而描写爱情的作品，虽然从题材上看像是轻松愉快的读物，而实际上还是很有分寸的，这些作品其实也应该划为风土人情一类，这就好比是医生用来缓解药物苦味的糖一样。为此，认为只有希腊人才能读这本书是不公平的。于是我就尽力把它翻译成了拉丁文。最值得尊敬的先生，我向您献上这个小小的礼物，不成敬意，这同您给我的恩惠是无法相比的。然而，每当我付出努力或者我的微薄能力取得什么成果的时候，我总是想，这一切都应该归功于您。

哥白尼希望通过这些话，表达自己对舅舅的感激之情，感谢他多年的关怀帮助。哥白尼在这封信中这样贬低自己的能力，这只不过是一种谦虚。哥白尼的好朋友瓦夫日涅茨·科尔文为这本书写的序言中就高度评价了哥白尼的才能。科尔文也了解哥白尼的天文学爱好，在序言中他还这样写道：

他注视着月亮的迅速运动，注视着太阳和星星，并且描绘它们在巨大天空中的轨迹。描绘天空这个杰出的、万能的造物的形象以及各种天象形成的原因。最令人惊奇的是，他能解释天体运行的规则。

　　哥白尼除翻译了一本书，还翻译了一些 700 年以前的诗歌。下面摘录几段：

　　　　厄拉丰对多尔孔说：

　　　　牲口粪对庄稼大有裨益，请把你的牲口粪让给我吧，丰收以后你会得到梨和蔬菜作为奖赏。对你的大方我将报之以更大的感激。

　　　　阿里斯托克塞对波利克塞纳说：

　　　　妓女只能给人短暂的欢乐。她的吻是不忠诚的。未扎下根的爱情会很快枯萎。以后我可要听从理智的安排，而理智对人是那么严厉。从理智得出了永恒的预言：彩礼能买到婚姻，却买不到妓女的忠贞。

　　　　迪奥盖内斯对索提昂说：

　　　　如此微不足道的空洞的荣誉，使聪明人感到好似一场梦，比童话更加离奇和拙笨，有如不牢固的、轻浮的玩物，比风和回声更加空洞。没有它时，它折磨人；有了它，它更折磨人。它诞生之后，很快就会抛弃自己的追求者，开始化为虚无的东西。不要为幸福之风所动，因为它会随心所欲地把人戏弄。人类的一切，只不过是梦中之梦。

　　从这里可以看出，哥白尼不仅是个天文学家、政治活动家，而且对文学艺术也有着浓厚的兴趣和强烈的爱好。

1510 年，哥白尼离开了利兹巴克，搬回自己在弗龙堡的住处，在那里度过了他后半生的 30 多年。哥白尼不想在政界做官，这正和他舅舅对他的期望相悖。哥白尼希望回到僻静的弗龙堡，借以摆脱激烈的政治生活和官场的繁杂，集中精力从事科研工作。当然，哥白尼离开利兹巴克并不意味着和舅舅断绝关系。1512 年 1 月 29 日，哥白尼在什图姆的城堡里又会见了舅舅，并陪同舅舅一起接待了格但斯克的议员。这是哥白尼同舅舅的最后一次见面，因为不久舅舅就去世了。哥白尼的舅舅 3 月 23 日在温奇查突然患病，而且病得很重，3 月 26 日被送到他的故乡托伦，3 月 29 日为他做了弥撒。当时还派人请一些优秀的医生给他看病，其中也包括哥白尼。但当舅舅的遗体下葬时，哥白尼才赶到。关于舅舅的死因，有着各种各样的猜测和传闻。有人说，他是被十字骑士团的奸细毒死的，虽然某个时期十字骑士团曾竭力想同他接近和好，但十字骑士团仍然把他看成自己的主要敌人。乌卡什·瓦兹洛德主教去世了，终年 64 岁，4 月 2 日在瓦尔米亚主教所在地的弗龙堡，为他举行了隆重的葬礼。

20 年来，舅舅一直像亲生父亲一样关心照顾哥白尼，他的死不能不使哥白尼万分悲痛，并对哥白尼产生巨大影响。舅舅一直履行着抚养者和庇护人的义务。舅舅死后，哥白尼的一切就只能依靠自己， 必须完全自立。 虽然哥白尼还有一个哥哥， 但哥哥患了不治之症， 不久也去世了。

七

　　在繁忙的行政公务之余，哥白尼一直坚
持他所爱好的天文学研究，发表了阐述他的
天文学基本思想的《浅说》，对教会所支持
的"地心说"理论开始了公开的批驳，为他
的主要著作《天体运行论》的动笔做好了
准备。

1. 身兼数职的行政工作者

　　瓦尔米亚主教区的首府弗龙堡，是一个人口稠密、热闹
繁华的地方。大教堂庄严肃穆地矗立在一个高冈上，从那里
既可以俯瞰弗龙堡的全貌，也可以看到维斯瓦河入海口的迷
人景色。高冈周围建有又高又厚的城墙，城墙里边是瓦尔米
亚神甫会神甫的住宅。神甫会还通过决议，把城墙上所有的
塔楼都划分给具体的神甫管理，神甫们有义务维护好各自负
责的塔楼，使其保持战备状态。这项决定对哥白尼具有十分
重要的意义，他很快就把自己负责管理的塔楼改装成了天文

观测台。

　　弗龙堡的神甫们过的并不是修道院的生活。 神甫会的成员很少聚齐； 许多人在外地甚至国外活动， 就像哥白尼曾经在意大利上学一样。 神甫们经常去意大利的罗马， 去波兰的首都克拉科夫， 也经常参加同十字骑士团大首领的谈判， 同格但斯克或托伦市长或其他高级官员的会晤。 有的神甫作为使节在欧洲各地周游， 也有的到克拉科夫王宫里担任了秘书。 他们过的完全是世俗生活， 从事政治活动， 管理神甫会的财产。 神甫会开会就像知识界代表的聚会一样。 会议期间相互交流有关信息， 会上不仅讨论宗教问题和政治问题，也讨论科学和文化方面的问题。 科学情报的一个独特来源是听取学成回国的神甫的总结汇报， 正如哥白尼结束在意大利的学习回国后， 作的那种汇报一样。

　　舅舅去世后， 哥白尼搬到了大教堂所在的高地。 哥白尼作为瓦尔米亚神甫会的成员， 必须承担神甫会给他的许多行政义务。 早在舅舅身边的时候， 他就接触了神甫会的事务。到弗龙堡长期定居后， 需要承担的义务就更多了。 1511 年11 月 8 日， 神甫会选举哥白尼担任视察员， 对神甫会在奥尔什丁和皮耶宁日诺佃户区的财产管理工作进行督察。 从 1510年 11 月到 1513 年 11 月， 哥白尼担任了神甫会的办公厅主任。 根据这项职务的要求， 他负责编写给波兰国王和十字骑士团的信件， 为各种正式文件加盖印章监督神甫会的账目。

1512 年还管理过食品供应问题，负责监督各面包厂、啤酒厂和磨坊的工作，以及神甫们日常食品的分配。另外，农村向神甫会缴纳的钱款也由哥白尼负责接收。由于公正地履行了这些义务，1516 年 11 月 8 日，他被选为任期 3 年的神甫会财产管理人。担任这些行政和经济职务，使他对经济问题有了实际的了解，这对他成为神甫会的经济和财政改革者起到了重要的作用。

从事行政事务和政治活动，是这几年哥白尼的主要工作，但并不是他活动的全貌。在这个时期，哥白尼除了出版一本译著《泰奥菲拉克特·西莫卡塔诗集》外，还从事了天文学和其他许多与之有关的研究工作。

2. 准确的预见

早在哥白尼刚刚从意大利回国的时候，他先到了克拉科夫，拜访了他阔别 10 年的母校克拉科夫大学。在克拉科夫大学，他遇见了当年曾和他一起观察星象的玛尔卿教授。故友重逢，分外激动。玛尔卿教授热烈祝贺哥白尼得到了法学博士学位，还成了大名鼎鼎的天文学家。哥白尼谦虚地说："这算不了什么，在天文学方面我还是个小学生，也许还得 10 年 20 年的时间，才能……"

玛尔卿教授却兴奋地插嘴说："别把事情推到遥远的将

来， 眼下就有一件事， 你回来得正好。 现在出了一件稀奇事， 把克拉科夫闹得满城风雨， 人心惶惶。 现在要想稳定人心， 只有靠你了。”

哥白尼不明白到底发生了什么事。 玛尔卿教授接着说："事情是这样的， 教会宣布在明年的 6 月 10 日有两颗行星要'重合' 在一起， 而且要连续'重合' 4 次。 谁也找不出这种推测有什么破绽， 只好听任教会扰乱人心， 招摇撞骗，说什么这是邪教流行的结果， 天主动怒， 要降天灾来惩罚人类。"

教会的这种骗人把戏， 哥白尼随即就在大学附近的一座教堂里看到了。 教堂门口挤满了人， 一种大祸临头的气氛。哥白尼辞别了玛尔卿教授， 挤进教堂。 祭坛上站着一个肥大的神甫， 他眯着眼睛， 仰着脑袋， 嘴里念念有词："圣徒仰观广袤无垠的苍穹， 读得出银光闪闪的文字， 仿佛读一本打开的书一样。 现在严重的灾祸不仅威胁人的肉体， 也威胁着人的灵魂。 一个冒牌的先知下世了， 这是个反对基督的人，他冥顽不化， 鼓吹什么该死的永恒法则， 毒害人心。 天主的惩罚就要降临了， 二星重合， 天崩地陷， 人类将陷入万劫不复的深渊。 要想拯救自己的身家性命， 快来购买'赎罪符'， 用你们的钱财表示你们的忠诚， 恳求天主开恩息怒。"

人们听了那神甫的话， 个个惊慌失措， 纷纷拥向祭坛，会场一时大乱。那肥大的神甫一只手按着胸口，看人们把金币一个个扔进了钱柜，另一只手便发下一张张赎罪符，一边发一边念念有词："金币投入圣柜，灵魂升入天堂，你们的灾难可以免除了。"

哥白尼看到这里，气愤得浑身颤抖，恨不得立即揭开这个骗局。他好长时间心情不能平静，他在思考，该采取什么样的办法，去揭发教会的骗局。必须拿出科学的真凭实据，才能揭穿谎言，使人们不再上当受骗。哥白尼刚踏上自己的祖国，就遇上了这种事情。他觉得现在是该用自己的知识，贡献给祖国人民的时候了。哥白尼在克拉科夫没住几天，就带着这个揭穿骗局的重大任务，回到他终身的居住地弗龙堡。

入冬以后的弗龙堡一片宁静，是个做学问的好地方。对哥白尼来说，他虽然从此必须履行自己的一些行政工作义务，但晚上的大部分时间是可以由他自由支配的。弗龙堡的冬天，天气经常是晴朗的，在严寒的晚上，天空没有一丝云影，湛蓝的苍穹上闪着晶亮的星星。哥白尼总是利用这便于观测的天气，穿上皮袄，束紧风兜，从屋里搬出仪器，披星戴月地进行细心的观测。直到他的脸冻僵了，手和胸也冻麻木了，他才回到屋里，站在炉子边取取暖。他那桌子上堆满了一沓沓写得工工整整、密密麻麻的观测日记。

一天晚上，由于过度疲劳，哥白尼突然觉得脑袋发烧，关节酸痛， 便提前结束了观察， 回到自己的屋里。 这时响起一阵轻轻的敲门声， 随即走进一个中等身材的年轻人， 原来他是弗龙堡神甫会年轻的神甫蒂德曼·吉斯。

哥白尼刚到弗龙堡， 平常除了工作方面， 他和其他神甫接触并不多， 从不跟他们讲自己研究天文学的情况。 哥白尼没有想到蒂德曼·吉斯神甫在深夜突然来到自己的屋里。

蒂德曼说："我是特地来看望您的病的， 哥白尼， 我对天文学也很感兴趣哩。"

蒂德曼搬过一个凳子， 挨着哥白尼的病床坐下。 他拿了一些天文学的书籍， 念了几段他亲自写下的批注。 哥白尼听了那些卓越的见解， 马上断定这位年轻的神甫有资格和自己交朋友。 果然， 他们以后真的结下了生死不渝的友谊， 特别是在哥白尼晚年所遭遇的风波里， 这种友谊帮助他渡过了种种难关。

他们的谈话很快就转到二星重合的现象上来。 哥白尼告诉蒂德曼， 他这些天来的观测计算， 就是为了解决这个问题， 并且低声说："我对宇宙的结构有自己的见解， 但我目前还没有宣布， 因为需要进一步证实。 目前的事件可以说是对我的一次考验。"

蒂德曼望着哥白尼带着病容的脸颊， 突然明白了他为什么这样不辞劳苦地研究二星重合的现象， 原来问题牵涉到整个宇宙的结构。

哥白尼接着说："根据我的观测和演算，第四次二星重合的日期，不是教会宣布的 6 月 10 日，而是要提前一个月左右的时间。"

蒂德曼高兴得跳起来，握住哥白尼的手说："太好了，既然教会的说法有着数据上的错误，他们的预言怎么能够让人相信呢？谎言是不能掩盖真理的，这回可要水落石出了。"

从此以后，每到晚上，蒂德曼和哥白尼一起，守在仪器旁边，协助哥白尼观察，无微不至地关照着哥白尼，同时也指望哥白尼能弄明白天空的真相。

5 月到了，这是哥白尼计算的二星将要重合的月份。5 月是一年里最欢畅的日子，明媚的春光让人轻快，也让人有光阴似箭的感觉。只有哥白尼有度日如年的感觉，他在白天总是望眼欲穿地等待着夜晚的来临，到了晚上，就焦躁不安地来到他的观测台上，去追寻星辰的踪迹。那时，哥白尼的舅舅还在世，他虽然公务繁忙，但也留意到外甥脸色的不好，好像患了病似的。他几次想劝劝哥白尼好好休息，不要用功过度。但他也知道二星重合这件事的重要，欧洲的学者们都给弄得焦头烂额，现在谁也不能代替哥白尼。舅舅深知哥白尼的责任重大，所以也只好由着哥白尼不分昼夜地观测计算。

这一晚终于到了，美妙的银光弥漫夜空，宇宙间显得分外皎洁， 奇异的天象出现了。 哥白尼兴奋地奔下观测台，喊醒了舅舅和他的好朋友蒂德曼。 他们又一起跑到观测台上， 看到了木星和土星第四次重合的惊人现象。

二星重合的日期正好是哥白尼推算的日期， 比教会宣布的日期提前了一个月。

也就在这时候， 在克拉科夫大学， 玛尔卿和别的学者也都站在他们的观测台上看见了二星重合的现象。 他们的疑虑全消失了。 哥白尼的预见完全令人信服， 教会的骗局总算用科学事实给揭穿了。

3. 发表《浅说》

从此以后， 哥白尼就开始构思自己的天文学著作。 他向要好的神甫透露过自己的理论， 这些知情的神甫曾鼓励他公布自己多年研究所获得的成果。 对哥白尼的天文学研究了解最多的， 当然要数他的舅舅和蒂德曼·吉斯了。 蒂德曼对哥白尼的天文学研究帮助也很大， 他曾在英国买回一个太阳钟和观察昼夜平分时的仪器。 他是为神甫会买这些东西的， 买回来后作为神甫会的公共财产。 然而这些东西首先是哥白尼进行天文观测所需要的。

从意大利回到波兰 10 年后， 哥白尼以书信的形式撰写了一篇天文学论文， 寄给了自己的朋友和自己熟悉的天文学家。 这篇论文开头的一句话是："尼古拉·哥白尼浅说提出的关于天体运动的假设。" 于是这篇论文的名字就被简称为《浅说》。 这篇《浅说》 几乎传遍了整个欧洲。 哥白尼在这篇《浅说》 中扼要地阐述了他的基本思想：

一、不存在一个所有天体及其轨道的中心点。

二、地球中心不是宇宙中心，只是重心和月球轨道的中心。

三、所有天体都围绕作为自己中心点的太阳运转，因此太阳位于宇宙中心附近。

四、地球到太阳的距离同天穹高度之比，就如同地球半径同地球与太阳间距离之比一样渺小。地球到太阳的距离同天穹高度之比是微不足道的。这就是说，由地球绕太阳公转所造成的观察角度的变化（表面上看似乎是行星在移动），被称为视差位移，它同观察者与天穹，也就是观察者与各行星的距离相比，简直是太小了，所以这个变化很难被发现。

五、在天空中看到的所有运动，都是由地球自己的运动造成的。因为地球连同环绕它的自然要素（水和空气）一道每 24 小时围绕对天空来说不变的两极连线旋转一圈。

六、使人感到太阳在运动的一切现象，都不是太阳的运动产生的，而是由地球及其大气层的运动造成的。地球带着它的大气层，像其他行星一样围绕太阳旋转。由此可见，地球同时进行几种运动。

七、人们看到的行星向前和向后的运动，都不是行星自身的运动，而是由地球自身运动使人产生的错觉。地球运动的本身就足以解释人们在天空中观察到的各种各样的天象。

接着，哥白尼描述了太阳和月球的视运动。然后是几颗行星，土星、木星和火星，以及金星和水星的视运动。《浅说》是用这样两句话做结尾的："这样，水星总共沿7个圆运动，金星沿5个圆运动，地球沿3个圆运动，月球围绕地球沿4个圆运动。而火星、木星和土星各沿5个圆运动。于是，总共有34个圆就足以说明整个宇宙的构造和行星所跳的全部舞蹈了。"

哥白尼在《浅说》中还批判了托勒密的理论。托勒密认为地球是宇宙的中心，所有天体，包括太阳，都围绕地球运转。这一批判同时也是对以托勒密地心说为基础的世界观和哲学体系的批判。他使占星术失去了存在的意义。占星术通过观察天体运动来预卜未来，曾被看作一种"科学的"理论。前边所述的第三点和第七点是哥白尼日心说的基本含义。《浅说》中提出的地球每昼夜围绕自己的轴心旋转一周和每年围绕太阳旋转一周的理论是一条惊人的新闻。哥白尼这一惊人发现竟然只是借助普通的简陋仪器——象限仪、三角仪和捕星器完成的。象限仪不过是用木板做成的一个正方形，板上绘制了 4 个 1／4 的圆弧，在圆心上钉一条细棍，用于观察太阳的位置，主要是测量太阳在正中天时的高度。三角仪是用了能活动的尺子构成的，用于观测月球。捕星器是用来测量月球与行星的位置及角度的工具，是用 6 个摆放在相应位置上的带有刻度的圆环构成的。

哥白尼把他的《浅说》寄出去以后，并没有引起收信人很大的兴趣，也没有引起良好的反应。主要原因是人们不敢违背教会权威和以《圣经》论述为支柱的公开理论来承认哥白尼的成果。很多人保持沉默，也许有人在心里承认哥白尼是有道理的，但嘴上却不说什么。

也有一些有远见卓识的学者对哥白尼的发现大加赞赏，一些对教会反感对神权持怀疑态度的人更是为之欢欣鼓舞。随着时间的推移，《浅说》在欧洲的传播越来越广，越来越引人注目，截然不同的争论也越来越激烈。哥白尼面对孤立和教会的高压，并没有退缩。他认为《浅说》只不过是宇宙图景的一个轮廓，就仿佛是一座大厦的基础，他需要毕生的精力去充实它，丰富它。从此以后，哥白尼开始编撰他的天文学著作。

《浅说》为哥白尼赢得了一个最忠诚的学生。他就是威丁堡的数学家、天文学家和医生耶日·约阿希姆·冯·劳亨，又称雷蒂克。雷蒂克在了解了《浅说》的内容后，决定亲自结识一下作者，于是便在 1539 年亲自来到了弗龙堡。他在那里待了两年，了解了哥白尼学说的基本内容。正是他说服哥白尼出版了划时代巨著《天体运行论》，开辟了天文学史的新纪元。当然，这是以后的事。

八

　　哥白尼不是关在"象牙之塔"的书房学者，而是把个人的爱好和公共利益的需要相协调，积极从事公益活动，关心穷苦人民，发扬人道主义。为了履行财产管理人的公职，他的足迹遍布了瓦尔米亚的每一个乡村城镇。

1. 财产管理人

　　哥白尼是一个天文学家，但他并不是那种关在象牙之塔中的书房学者。他是波兰的一个好公民，他关心公共事业，多年来一直把个人爱好同公共利益的需要相协调，积极从事公益活动。正是由于这些公益活动牵扯了他大量的时间和精力，致使他的主要天文学著作进展缓慢，有时甚至还要停顿下来。

　　1516 年 11 月 8 日通过投票选举表决，哥白尼当选为弗龙堡神甫会的财产管理人。这是神甫会对哥白尼莫大的信任。

担任这一职务，要承担许多经济义务和行政义务，要掌管瓦尔米亚所管辖的奥尔什丁和皮耶宁日诺两个地区的经济和收入。担任这一职务的人可以利用职权，很容易地谋取大量私利，因此人们就要选举特别信得过的正直廉洁的人担任这一职务，希望有一个好的管家。神甫会的章程规定，新当选的财产管理人要进行任职宣誓：“保证如实地向神甫会报告奥尔什丁和皮耶宁日诺两个地区的所有收支账目。”另外，还采取了许多监督措施，争取把营私舞弊和贪污的可能性减少到最低限度。不经神甫会的同意，管理人不能出卖粮食，但是可以“凭良心”做木材生意。管理人有权对奥尔什丁和皮耶宁日诺地区受神甫会管辖的所有人，其中包括住在这里的贵族，实行审判权，也有权罢免奥尔什丁和皮耶宁日诺两座城堡的司令官。另外，管理人还有义务对司库和其他掌管财务的人实行监督。管理人的工作主要是经济性的，他必须解决农村生活的所有问题，其中包括安置新移民，确定纳税标准等。哥白尼作为管理人，必须同各乡村的村长经常保持联系，从他们那里了解农村最紧迫的问题，了解农民之间的交易和纷争情况。许多问题都需要他亲自到当地干预处理。哥白尼为此做了专门的笔记，记录自己解决的问题。履行管理人义务占用了哥白尼很多时间，他经常处于奔波忙碌之中。哥白尼掌管的地产范围遍及奥尔什丁佃户区的 59 个村庄和皮耶宁日诺佃户区的 60 个村庄。除了森林湖泊，土地总面积约有 3600 海乌姆诺畹 （ 1 畹约等于 16．8 公顷 ）， 此外， 还管理着位于这片土地上的两座城堡， 并且负责维护城堡的防御性能， 承担一些军事防御任务。

哥白尼在担任财产管理人时， 瓦尔米亚的经济正处在困难时期。 在奥尔什丁佃户区， 佃农手中的耕地有 40％被荒芜， 这对神甫会来说， 就意味着佃租和其他收入将减少将近一半。 种植庄稼带来的可观收益， 促使神甫会采取各种措施大量开垦荒地， 并使现有的农田得到充分的利用， 以便从中获得尽可能多的收入。 开垦荒地和监督现有土地的利用， 是神甫会财产管理人的基本任务。 管理人的任务还包括安排新农户去取代那些没有能力或对土地利用不当的佃户， 特别要接管那些因佃农死亡或外逃被遗弃的土地。 随着佃农对土地承担义务的加重和对佃农自由限制的加深， 经常发生佃农外逃现象。 这是佃农对加重负担的一种反抗形式。 从 1481 年起， 神甫会历届财产管理人都建有专门的经济簿， 称之为“荒废农田登记簿”， 里面记录着神甫会财产拥有者和使用者的全部变化情况。 哥白尼担任财产管理人后， 按照前任的榜样， 也建立了登记簿。 哥白尼作的第一次记录时间是 1516 年 8 月 10 日， 最后一次记录时间是 1519 年 8 月 4 日。

神甫会作为地产的主人， 对租种其土地的农民行使领导权， 这些佃农隶属于神甫会。 而神甫会行政管理人则是弗龙堡神甫们的全权代表， 主管佃农事务。 农民租种神甫会的土地， 只要能按时交纳地租和其他各种费用， 土地的使用权可以世袭。 当时瓦尔米亚佃农的人身自由还是有的， 在算清账目和找到接替人的情况下， 可以放弃租赁的土地。 处理农民租赁土地的问题， 都要行政管理人来决定。 因此可以看出，哥白尼当时的工作该有多么忙碌， 他不得不经常到遥远的乡村去解决这些问题。

从1516年到1519年， 从哥白尼的记录里可以看到， 他到瓦尔米亚乡下有65次， 其中到奥尔什丁的佃户区农村53次， 到皮耶宁日诺佃户区农村12次， 每次下乡他都在登记簿上用拉丁文记载。 这些记录都是一些纪实性的简短文字，记的是下乡时所解决的问题， 如安置新的佃户， 交换地产等。 哥白尼一般在春天和冬天下乡次数最多， 也就是在播种之前， 尽量把各种问题处理妥当。 哥白尼下乡时， 一般有两个侍从陪着他， 有时则由奥尔什丁城堡的军队教士或皮耶宁日诺城堡司令陪同他一块儿下乡。

为了不使外逃农民放弃的土地撂荒， 哥白尼必须为其安排新佃户。 哪里如果发现了农民外逃事件， 哥白尼就必须亲自到那里去， 把被抛弃的土地、 房屋、 牲畜、 农具甚至还有粮食等， 一起转交给新用户。 有时还允许新用户在第一年免交税租， 免服劳役， 免交公路保养费等。 频繁的外逃事件促使哥白尼提出一个新的要求， 那就是在签订新的租赁合同时， 要有保人参加， 如果被担保的农民弃田外逃， 保人要承担物质责任。 在这种情况下， 保人有义务接管被抛弃的土地， 并承担相应的义务： 经营这些土地， 直到安置了新的用户为止。 这种保人大多数是租赁者的亲属或熟人， 有时由村长担当。 签订土地合同时村长总是要在场的。 哥白尼的这种预见性措施并不过分， 因为当时一块土地在短时间内就曾多次发生过被放弃的情况。

在登记簿上， 哥白尼还记载着另一种事情， 主要是从形式上确认用户的变动情况， 如用户出于某种原因， 把部分土地转让给其他农民等； 有时由于欠债原因， 老年农民和伤残农民把财产转给了别人， 双方都没有偿还拖欠的债务。 对这种情况， 哥白尼总是采取宽容态度， 不太过分计较。 例如武伊托沃村有一个孤寡老人， 年纪已经很大， 还欠了很多债， 尽管债务没有还清， 但哥白尼还是同意他卖掉自己的财产和自由地， 到别处谋生。 利普诺村也有一个上了年纪的老人， 已经丧失了劳动能力， 哥白尼就同意他卖出一畹半土地， 并确定让新的用户每年向老人提供一定数量的钱款作为终生养老金。 从这些事例中可以说明， 哥白尼一方面关心神甫会的物质利益， 另一方面对佃户农民也采取了人道主义态度。

作为神甫会的财产管理人， 哥白尼是一个好管家。 他不仅为神甫会服务， 也为农民着想。 当然， 他不能超越历史社会的局限， 他所做的， 只能是在当时的社会和法律条件允许的范围内。 从他的行动中可以清楚地看到他对人们所采取的人道主义态度， 他希望在他所管辖的地区内， 经济能够得到相应的发展。

2. 对付敌人的侵扰

哥白尼在奥尔什丁地区管理经济事务时期， 也正是波兰同十字骑士团矛盾加剧的时期。 以瓦尔米亚主教和神甫会为一方， 以十字骑士团为另一方， 不断发生误会和冲突。 哥白尼管理的地区同十字骑士团国家直接接壤， 这使十字骑士团有很多机会来制造边界纠纷和冲突事件， 给哥白尼带来了很多麻烦。 来自十字骑士团方面的威胁直接妨碍了经济的发展。 从 1515 年起， 受十字骑士团支持的匪徒和强盗经常穿越边界， 从骑士团国家到瓦尔米亚， 对瓦尔米亚教区居民进行敲诈勒索或公然抢劫。 政治关系和经济关系越来越紧张， 贸易往来长期受到阻碍， 甚至一度完全中断。 1516 年 7 月，臭名昭著的马特恩强盗集团的残余分子袭击了埃尔布隆格的商人尼古拉·布腾霍尔特， 把他抢劫一空， 然后砍去了他的两只手。 皮耶宁日诺的神甫会城堡司令驱散了匪徒， 并在骑士团的领土上抓到了一个凶手。 受十字骑士团大首领支持的指挥官提出交涉， 要求交出被抓的强盗， 并且归还赃物。 瓦尔米亚的主教法比安·卢兹扬斯基征得神甫会的同意后， 对自己城堡司令的行动表示支持。 这使瓦尔米亚同十字骑士团的关系更加尖锐。 1517 年 6 月， 一个听命于十字骑士团的强盗塞巴斯蒂安·格劳辛因在瓦尔米亚抢劫又被抓了起来， 这使形势达到了白热化的程度， 终于导致了瓦尔米亚同骑士团国家终止了贸易往来。 骑士团当局明显支持和纵容武装强盗在瓦尔米亚领土上从事抢劫活动。 强盗们得到骑士团的支持， 更加肆无忌惮， 残酷蹂躏手无寸铁的居民。 1519 年 8 月， 他们放火焚烧了皮耶宁日诺市附近的两个村， 后来又在布拉涅沃郊区纵火烧毁了大片民房。 瓦尔米亚行政管理人自己也不止一次遇到十字骑士团办事人员的挑衅活动。 1517 年 3 月， 十字骑士团的人和神甫会的人就帕斯文克界河的捕鱼权问题发生了争执。 十字骑士团方面的一个人在捕鱼的时候被逮住， 关进了奥尔什丁的城堡。 这件事成了十字骑士团办事人员攻击哥白尼的口实， 指责他对骑士团的人采取了暴力行为。 因为骑士团方面的人在奥尔什丁附近的森林盗伐木材， 致使瓦尔米亚神甫会和骑士团驻帕斯文克镇的统治者菲利普·格罗伊辛之间从 1516 年年底就开始了一场旷日持久的争论。 格罗伊辛甚至强迫神甫会管辖下的某些农民向骑士团缴纳税租。 1518 年， 格罗伊辛向哥白尼控告奥尔什丁城堡司令克日什托夫·德劳希维茨， 致使双方的争论更加激烈。 神甫会要求哥白尼毫不迟疑地为司令官驳回指控， 并消除导致指控和发生冲突的根源。 为了妥善解决这件事， 哥白尼专程到利兹巴克去了一趟，征求主教的意见，探讨用什么办法打掉十字骑士团的借口。在利兹巴克，哥白尼得到消息，十字骑士团已经失掉了莫斯科大公瓦西里三世这个盟友，因为瓦西里三世已经和波兰国王齐格蒙特·斯塔雷签订了互不侵犯的和约，无疑，这种形势对十字骑士团很不利。1518年10月22日，哥白尼把同主教谈话的内容和得到的消息马上写信报告了神甫会。他在信中写道：

> 昨天，我从最值得尊敬的主教阁下那里了解到你们如何理解我正筹备的一次宴请。可以说，这一切都已经准备完毕，不管是在食鱼日，还是在食肉日举行都可以。菲利普·格罗伊辛的来信，促使我提前从奥尔什丁动身。我带去的奥尔什丁司令在那里详细了解了情况，知道那个控告人是不能对他进行指控的，因为控告人并不承认他的权利。主教阁下也给了我指示，说如果回信还没有发出去的话，要我劝你们。尊贵的先生们，你们在给大首领的回信中一定要加上这样一句话，"为了不违背神圣的公正的原则"，以免被人误解和篡改。主教阁下已经获悉，莫斯科同国王签订了永久性和约，至于签约的条件是什么，阁下希望尽快了解到。这样一来，我们邻居的全部希望都破灭了。尊贵的先生们，拜托你们了，只要可以，我立刻就从这里动身。尼古拉·哥白尼。

可惜，就在一年半以后，终于爆发了波兰同十字骑士团的战争。这场战争主要是在瓦尔米亚地区进行的。1519年11月8日，哥白尼又被提升，神甫会任命他担任神甫会办公厅主任。为此，哥白尼又回到弗龙堡。不过，他在那里并没有停留多长时间，因为当时波兰和瓦尔米亚已经直接面临着同十字骑士团发生战争的危险。

3. 公务之余的收获

在哥白尼担任神甫会财产管理人这几年里，行政公务的繁忙，和十字骑士团打交道的麻烦，实在占据了他生活中的大部分时间，使他很难坚持他的天文学研究，他的天文学著作也没有能够顺利地写出。但他在百忙之中，仍然能够断断续续地进行天文学研究，在奥尔什丁的城堡里留下了他从事天文观测的痕迹。

1802年，华沙科学之友协会的代表在奥尔什丁城堡寻访有关哥白尼的文物时，在围廊下面的墙皮里发现了哥白尼做的一块天文观测记录板。这个记录板长705厘米，宽140厘米。这是哥白尼观测和研究地球轨道不均衡性时使用的。哥白尼在奥尔什丁观测二分（春分和秋分）点的时刻，首先是为了确定和计算出当时使用的儒略历法同实际情况的差距。

过去， 哥白尼曾经参与过历法改革工作， 所以他的天文观测不仅对天文学， 而且对制定新历法的工作也有重要的意义。早在公元 325 年， 在尼斯举行的主教会议上确定每年的春分为 3 月 23 日。 它成为推算复活节和其他不定期宗教节日的基础。 但是由于当时实行的历法有错误， 致使每个历法年都比依据太阳通过两个二分点的时间计算出的天文年长 11 分钟。日积月累， 历法年标示的二分点越来越晚， 到哥白尼时期，已经有了 10 天的误差。 因此， 必须对历法进行修改， 这成了当时学者们热烈讨论的问题， 并提出了各种各样的修改方案。 改革历法问题终于提上了 1512 年至 1517 年举行的拉特兰主教会议的日程。 哥白尼对这些问题很感兴趣。 哥白尼在他后来完成的《天体运行论》 一书的序言中这样写道: "在拉特兰主教会议上， 就改革宗教历法问题发生了争执， 问题得不到解决的唯一原因是年和月的长度， 以及太阳和月球的运动情况， 还没有十分精确地测定出来。 从那时起， 我就开始思索， 想把这些事情准确查清。" 哥白尼从弗龙堡来到奥尔什丁时， 没有能够带上他的所有仪器。 尽管如此， 他并不甘心中断已经开始的研究和观测工作。 所以， 他自己动手， 制作了这块测定二分点时刻必不可少的记录板。

哥白尼是选择西南方向上的一面墙来制作这块记录板的，这块墙面被围廊遮掩着， 在高高的顶棚上钻了一个小孔， 阳光透过小孔， 可以射到这块记录板上。 哥白尼每隔 5 天就观察一次阳光在墙板上移动的路线， 并且在墙板上标示出来。 二分点的时刻是他观测的主要对象， 同时也是做深入观测的出发点。 据学者们推算， 这个记录板是在 1517 年制作的。 每当观测日， 哥白尼一般就不外出进行监督和视察工作。 他把观测时间和外出时间做了合理安排。 一般情况下， 他 10 次去外地出访只有两次同他的天文观测相冲突。 哥白尼在奥尔什丁的城堡里进行了许多次天文观测， 在他的《天体运行论》 一书的第五章里， 就具体地描述了其中的 4 次。 在奥尔什丁城堡生活的这一段时间， 是他一生中公务活动最繁重的时期。 哥白尼在奥尔什丁还收集了大量资料， 并初编了关于货币问题的经济学论文。 1519 年， 一场瘟疫席卷了瓦尔米亚的北部地区。 作为医生的哥白尼， 又参加了防治瘟疫的工作。 当然， 在奥尔什丁生活期间， 哥白尼的主要工作还是他所履行的公务职责， 其他的任务都是次要的。 他的天文学研究属于私人爱好的性质， 在计划中只能排在后面。 从而我们不仅可以看到他对天文学方面的特殊贡献， 也可以看到他把国家的利益当作自己天职的可贵品质。

九

　　当面临十字骑士团的疯狂侵略，民族处于生死存亡的关键时刻，哥白尼献身祖国，与人民同仇敌忾，走上战斗的前线，为保卫祖国、战胜敌人，做出自己卓越的贡献。

1. 战火弥漫的瓦尔米亚

　　波兰同十字骑士团的关系越来越恶化，直接受害的瓦尔米亚从中尝到了特殊的苦头。十字骑士团的骚扰活动越来越频繁，他们所到之处，烧杀抢掠，不放过任何人和任何目标，甚至连教堂也成了他们抢劫的对象。在这种情况下，瓦尔米亚主教和神甫会便向波兰国王请求增援，国王齐格蒙特·斯塔雷给瓦尔米亚派来40名骑兵；起初，波兰国王曾试图劝说自己的外甥——敌视波兰的十字骑士团大首领阿尔布雷希特放弃战争冒险行动，但当他看到双方的会谈不会有什么结果时，就开始了备战活动。当十字骑士团大首领阿尔布雷希特对波兰国王的和平倡议置若罔闻、不予理睬的时候，波兰国王便下定决心说：“现在一切都靠边站了，我绝不退让，哪怕赴汤蹈火，我们也在所不辞，坚决斗争到底。”

瓦尔米亚主教法比安害怕战争，他想了很多办法，尽了最大努力，想避免战争。他不但向十字骑士团方面派遣了使臣，甚至还亲自去找十字骑士团的大首领会谈。他对大首领说：“波兰不会允许骑士团剥夺他们的财产，也不允许白白占领波兰的土地。波兰国王宁肯失掉一部分立陶宛，甚至整个立陶宛，也不愿把格但斯克交给骑士团。”法比安主教明白，如果战争爆发，瓦尔米亚将成为战场，不仅这里的人们不可避免地要有大量伤亡，而且也将给主教和神甫会的财产带来巨大的损失。当然，十字骑士团不会听从法比安主教的话，法比安主教只好把全部希望寄托在波兰国王的强大实力上，指望他尽快解决骑士团的问题，并使骑士团永远不敢再有觊觎瓦尔米亚的野心。

十字骑士团的紧张备战活动迫使波兰做战争准备。1519年12月11日，波兰议会同普鲁士各界代表在托伦举行联席会议，一致通过决议，对十字骑士团采取坚决的战争行为。12月底，波兰部队从托伦出发，朝十字骑士团控制的普鲁士进军，迅速占领了位于玛祖尔地区和维斯瓦河流域的几个较小的边界城镇，并继续朝克鲁莱维茨方向挺进。

这时候，十字骑士团的大首领也早已把自己的武装部队集中在同瓦尔米亚交界的北部边界上。在1520年新年那一天， 他们跨过了边界线， 进军到布拉涅沃城下， 并假称他们是来给波兰国王进贡的。 当十字骑士团来到城下的时候， 正是凌晨时分， 浓雾妨碍了布拉涅沃塔楼的视线。 此外， 这座塔楼当时也没有人守卫。 对十字骑士团友好的布拉涅沃市长为十字骑士团的军队打开了城门。 十字骑士团便毫不费力地占领了布拉涅沃城堡。 骑士团的大首领强迫市民们向他宣誓效忠， 并在广场上迅速竖起绞刑架， 警告敢于反抗的人。 布拉涅沃居民分辩说， 他们已经宣誓过要忠于瓦尔米亚主教和弗龙堡神甫会， 不能再进行第二次宣誓。 但这种解释根本无济于事， 最后还是在武力的威逼下， 居民们被迫向十字骑士团大首领宣了誓。

弗龙堡距离布拉涅沃只有 10 公里的距离。 弗龙堡的神甫们听到这个消息， 非常震惊。 十字骑士团大首领便向法比安主教解释， 说他是接受教皇的委托来占领布拉涅沃的， 为的是保护主教区免遭波兰军队的抢劫。 大首领要求法比安主教前去同他谈判， 想说服胆小的法比安主教转到十字骑士团一边去。

法比安主教和神甫会在这种情况下， 立即开展了一场紧张的外交活动。 1520 年 1 月 4 日， 他们派了两个人作为使节去会见十字骑士团的大首领。 一位是副主教扬·斯库尔泰蒂， 另一个就是哥白尼。 两位使者到了布拉涅沃， 对十字骑士团向没有武装的瓦尔米亚采取战争行动表示震惊， 并且建议大首领和波兰国王立即和谈。 法比安主教请求大首领给哥白尼发放安全通行证， 以便使他能够充当住在利兹巴克的主教和弗龙堡神甫会之间的联络人。 为了在十字骑士团大首领和法比安主教之间做中介人， 副主教斯库尔泰蒂也得到一张安全通行证。 大首领给哥白尼写了一封指示各地放行的"铁信"， 信上写："应尊敬的大学者和神职人士尼古拉·哥白尼先生的坚决请求， 我们已经允诺， 并把我们自由的、安全的和基督徒的通行证发给他， 准许他和他的侍从通过我们骑士团国家……来去自由。"

哥白尼和斯库尔泰蒂在布拉涅沃和大首领进行了谈判，但是并没有取得任何结果。 十字骑士团的大首领争辩说， 他这是收复教皇赠予他的土地， 并且表示， 他不想同波兰国王直接会谈， 但他答应派自己的顾问波兰拉尼亚主教希奥布·多贝内克去同波兰方面会谈。 哥白尼虽然得到了通行证， 但以后他再也没有去布拉涅沃。 十字骑士团没等收到神甫会的回信， 就向弗龙堡发起了进攻。 神甫们纷纷离开了弗龙堡，逃到没有战争危险的地方去了。

神甫会中只剩下哥白尼还留在弗龙堡。 弗龙堡的防御设施很好， 城墙筑得又高又厚。 由于没有大炮， 十字骑士团不能越过大教堂的围墙， 他们就放火烧毁了城市和围墙外边的神甫们的住宅。 哥白尼顶住了十字骑士团对弗龙堡的多次进攻， 但因为他的家也被烧毁， 最后也不得不离开这里。

1520 年 1 月 23 日， 哥白尼离开弗龙堡来到奥尔什丁， 在奥尔什丁一直待到 1521 年的 6 月。 当时的奥尔什丁远离主要战场， 在几个月的时间里确实是一个比较安全的地方。 这时候， 负责奥尔什丁管理工作的是扬·克拉皮茨， 他是接替哥白尼担任神甫会的财产管理人的。 哥白尼在担任神甫会办公厅主任的同时， 凭着自己的工作经验， 经常为自己的继任人扬·克拉皮茨出谋划策， 帮助他管理。

战争风云很快蔓延到整个瓦尔米亚地区和骑士团国家。波兰军队的主力由王国大统帅尼古拉·菲尔莱伊指挥， 开进了十字骑士团控制的普鲁士。 十字骑士团怕吃败仗， 就尽量不同波兰军队直接交锋。 他们不敢和波兰军队打仗， 却对被占领区手无寸铁的居民大肆烧杀抢掠。 在这种情况下， 波兰军队的大统帅征得法比安主教的同意， 向各城镇和城堡派驻了波兰军队， 保护这些地方的居民免遭十字骑士团的蹂躏。瓦尔米亚的城镇有的只想要自己地方上的部队， 不想接受波兰国家的部队， 害怕这样会给十字骑士团提供进攻的借口。但后来他们发现无论怎样十字骑士团都不会放过他们， 于是就请求波兰部队保护他们， 帮助他们加强防御， 以对付十字骑士团的进攻。

瓦尔米亚主教、 神甫会和各城市都明白了， 让波兰军队进驻自己的要塞， 就等于对波兰完全开放， 就意味着完全放弃地区中立的立场。 法比安主教向罗马教皇控告了十字骑士团到处搞破坏活动。而十字骑士团的大首领则指示自己的部队，不要吝惜瓦尔米亚，只要能给波兰军队造成补给困难，就不惜毁掉一切。当法比安主教认识到依靠谈判已经不能使瓦尔米亚免遭十字骑士团抢掠的时候，他就坚决地宣布站在波兰一边。当然，格但斯克市民的态度，对促使主教迅速做出这一决定起了相当大的作用，因为格但斯克市民曾指责主教"脚踩两只船"，并且扬言，如果主教再这样下去，那么他们自己就先洗劫和烧毁主教区的所有财产。主教向神甫会提出，要求加固要塞，改善食品和武器弹药供应，无论是神甫会还是主教，都要承担瓦尔米亚的防御费用。当时如果不是波兰军队卷入战争，瓦尔米亚抵抗十字骑士团的斗争是难以坚持下去的。波兰军队开进这里，当时杰出的波兰指挥官雅努什·希维尔乔夫斯基来到了前线，这使人们对战胜十字骑士团，早日结束战争增强了信心。

2. 备战反击

　　当时哥白尼在奥尔什丁迅速投入了战备工作，为防御十字骑士团的进攻积极做好准备。为了加强奥尔什丁的防御能力，哥白尼做了巨大的努力，并从埃尔布隆格调来了防御的武器。在这样动荡不安的局势下，哥白尼仍然没有停止抓经济问题。有的农民害怕战争，便抛弃家园跑到外地去了，哥白尼便及时地把那些废弃的土地安排给新的农民。 哥白尼对逃避战争的农民采取了十分宽容的态度。 在大克莱巴克村有一个叫托马什·波拉克的农民因为战争原因跑了， 哥白尼就应村长的要求， 把这份家园交给了别人临时使用， 直到外逃的托马什·波拉克返回时为止。 这个时期， 哥白尼必须对神甫会的财产予以特别的关心， 因为奥尔什丁佃户区已经成为神甫会唯一的财政收入来源， 皮耶宁日诺已经被十字骑士团抢劫一空。 对于防卫工作， 哥白尼关心的不仅是他所在的奥尔什丁要塞， 而是整个城市。 为了保卫城市， 他从外地调运来大量武器和装备。 同时， 哥白尼还必须警惕地注视着那些可能对十字骑士团怀有好感或者阴谋反对波兰的神甫会成员。

本来， 法比安主教以前曾同十字骑士团有过秘密来往， 另外， 哥白尼的舅舅在世时， 扬·斯库尔泰蒂神甫也和骑士团有过可疑的接触， 但是， 战争爆发以后， 当十字骑士团揭下自己的面罩， 暴露出自己是神甫会的敌人的时候， 瓦尔米亚神甫们的幻想全都破灭了， 都公开宣布站在波兰一边。 十字骑士团大首领对瓦尔米亚采取的粗暴政策进一步失去了人心。 因此， 在十字骑士团前任大首领时期对十字骑士团国家抱有好感的人， 现在也都纷纷背离了十字骑士团。

战争期间， 哥白尼自然是坚定地站在波兰一边， 忠实地继承了同十字骑士团斗争的家族传统。 哥白尼积极帮助法比安主教组织防御工作， 同时动员他采取了更加坚定的立场。哥白尼还注视着自己手下的人， 不许同十字骑士团进行任何可疑的接触。 作为办公厅主任， 哥白尼为在奥尔什丁的神甫们拟写了几封致法比安主教的信。 1520 年 3 月 7 日， 哥白尼给主教写了一封信， 请求主教就奥尔什丁市民的货物在普热兹马雷克被十字骑士团没收一事向骑士团提出交涉。 同时向主教说明， 奥尔什丁的居民非常支持神甫会反对骑士团。 4 月 29 日， 哥白尼又给主教写了一封信， 向主教介绍了神甫们积极参加瓦尔米亚防御工作的情况， 并请求主教再增加财政援助。 在这封信里， 哥白尼还建议主教一定要和波兰军队总指挥尼古拉·菲尔莱伊保持密切的联系。

1520 年春天， 补充了火炮和雇佣军的波兰军队， 向十字骑士团发起了强大的攻势， 一直打到十字骑士团的首都克鲁莱维茨附近才停下来。 在这种形势下， 十字骑士团大首领阿尔布雷希特不得不提出谈判的要求。 波兰国王齐格蒙特·斯塔雷同意停火， 战争暂时中止了， 从 5 月 31 日起停火协议开始生效。 双方议定 6 月 18 日在托伦开始谈判。 早在 1466 年的时候， 波兰结束了与十字骑士团长达 13 年的战争， 就在托伦签订了托伦和约。 这次谈判， 将由波兰国王和十字骑士团大首领直接谈判， 瓦尔米亚主教法比安也将参加。 神甫们得知主教也要去托伦参加谈判， 于 6 月 14 日， 由哥白尼执笔给主教写了一封信。 信中告诫主教， 千万不要相信十字

骑士团的任何保证， 并且要求骑士团赔偿战争给他们造成的
损失。 神甫会的成员们对十字骑士团已经不抱任何幻想， 不
仅不再相信他们， 而且把他们看成最主要的敌人。

按照规定的日期， 以波兰国王为首的波兰人和由 40 名骑
士团骑士陪同的大首领来到托伦。 前来参加谈判的还有罗马
教皇的代表、 匈牙利国王及玛佐夫舍大公的代表， 他们在签
订和约方面竭力充当调解人。 波兰方面提出， 十字骑士团应
该按照附属国的义务向波兰国王进贡， 并保证以后一定要遵
守履行 1466 年签订的托伦和约。 而大首领则采用拖延战术，
因为他们已经向丹麦和德国请求援助。 当得知丹麦和德国的
援助已经来到的消息后， 大首领立刻又变得强硬起来。 他请
求波兰国王发给他返回克鲁莱维茨的安全通行证， 于是和谈
中断， 到了 7 月， 阿尔布雷希特又开始向波兰军队发起进
攻。

3. 保卫奥尔什丁的英雄

战争再一次爆发， 而且比上一次更加激烈。 这一次是十
字骑士团的大首领占据了主动权。 波兰军队用很大的兵力包
围了布拉涅沃， 但并没有阻止住十字骑士团对瓦尔米亚其他
城市的进攻。 大首领揭下了对瓦尔米亚主教友好的假面具，
第一次直接进攻主教在利兹巴克的官邸。 十字骑士团用大炮

对主教区的首府进行连续几周的轰击，　利兹巴克的居民奋勇扑灭了炮击引起的火灾，　大力协助波兰军队，　保卫了城市，还组织了多次夜间的突袭，　使包围城市的十字骑士团遭到了巨大的损失。　到 11 月底，　十字骑士团终于放弃了对利兹巴克的包围。　这次围城，　使大首领的部队有 1600 人被击毙。

　　在其他战场上，　十字骑士团仍在大肆炫耀他们的武力。11 月 15 日，　他们占领了良城，　11 月 24 日，　又占领了奥尔内塔城。　这样，　就使距离奥尔内塔城仅有 25 公里的奥尔什丁面临着直接威胁。　神甫们发出了一封封告急信，　要求增加援助，　告急信寄给了波兰国王。　神甫们认为，　他们的命运取决于利兹巴克能不能击退十字骑士团的进攻。　他们提出，奥尔什丁的防御工事还不够坚固，　这里只有 100 名波兰雇佣军士兵。　要想击退强大敌人的进攻，　奥尔什丁确实还缺乏实力。　但利兹巴克还处在十字骑士团的包围之中，　根本抽不出兵力援助奥尔什丁。　波兰军队总司令雅努什·希维尔乔夫斯基也对奥尔什丁的命运表示担忧，　于是就向奥尔什丁增援了100 名步兵。　这时候，　波兰国王也向瓦尔米亚派来了大量的援军。　这支援军由富有经验的老将兹比格涅夫·斯乌佩茨基率领。　正是这支援军，　在沿海地区战胜并赶走了前来增援十字骑士团的德国军队。

　　当瓦尔米亚和奥尔什丁的命运处在最困难最危险的时候，在 1520 年 11 月 8 日，　扬·克拉皮茨把自己担任的神甫会财产管理人的职务重新交给了哥白尼。 神甫会做出这一换人的决定， 主要是因为哥白尼在行政管理工作中已经有了丰富的经验， 并且在同十字骑士团进行的斗争中， 表现出了勇敢的精神和坚定的立场。 哥白尼不仅成了财产管理人， 也成了坚守奥尔什丁这个重要据点的军事指挥员。 哥白尼不仅是个理论家， 也愿意把自己所学的如力学、 工程学等理论知识运用于实践。 他积极组织奥尔什丁全城军民加强防御， 请求波兰指挥官提供军事和物质援助。 因为没有波兰军队参加， 奥尔什丁是经不起十字骑士团的长期围困和进攻的。

1520 年 11 月 16 日， 哥白尼给波兰国王齐格蒙特·斯塔雷写了一封求援信， 信中写道：

最圣明的君主大人陛下，我们渴望最忠实地为神圣的陛下效劳。昨天傍晚，陛下的敌人侵占了良城。良城本来有很好的防御围墙，但终因守城将士不足而失守。同样的情况也有理由使我们感到不安。因为对付这种进攻，我们没有足够力量。敌人已经近在咫尺，我们担心的是，不久我们也将被包围。同我们在一起的尊贵的帕维尔·多卢斯基大人只有 100 名士兵。几天前，他根据我们的要求，给陛下派到利兹巴克的司令官雅库市·森齐格涅夫斯基大人写了一封信，请他给我们多派一些人来。良城的人也提出过这种请求……他回答说，他的人太少了，不能再增派人。我们清楚，利兹巴克本身也受到威胁，整个瓦尔米亚主教区还都处在威胁之中。为此，我真诚地向陛下请求，请陛下尽快派援兵来，给我们以有效的支持。因为我们渴望竭尽全力做高贵和正直人应该做的一切，克尽厥职，毫无保留地为陛下献身，哪怕牺牲也在所不辞。我们的全部财产和我们自己都指望和仰仗陛下的关怀。1520 年 11 月 16 日于奥尔什丁。陛下最忠实的仆人，瓦尔米亚的神甫会和神甫。

这封信派信使传送给波兰国王，但最终没有送到国王的手里，因为信使在路上被十字骑士团的部队俘获了。这封信使十字骑士团看到，哥白尼确实是波兰的忠诚公民，始终是骑士团的敌人，和 13 年战争期间他的外祖父的立场完全一样。

多数神甫由于害怕奥尔什丁一旦被十字骑士团攻破，将会遭到残酷的镇压，所以都提前离开了奥尔什丁。岗位上只剩下哥白尼和亨里希·施内伦贝格神甫两个人。哥白尼同守卫奥尔什丁城堡的波兰指挥官进行了紧密的合作，守住城市家园，把敌人赶出瓦尔米亚的共同愿望，把所有人都联系在一起了。

哥白尼在防御工作中表现了很大的主动精神，他不是消极地等待国王的增援，也不是只指望职业军人。哥白尼一直同副主教扬·斯库尔泰蒂保持书信联系，请求帮助解决奥尔什丁必要的防御器材供应。这一时期，奥尔什丁已经面临十字骑士团的直接威胁。

十字骑士团大首领阿尔布雷希特于11月28日放弃了对利兹巴克的包围，回到克鲁莱维茨搬兵。1521年新年刚过，他率领一支由4000名步兵、600名重骑兵和400名轻骑兵以及炮兵组成的部队突然出动。他们经过布拉涅沃和奥尔内塔，于1月11日到达良城附近，然后直朝奥尔什丁方向挺进。十字骑士团经过的地方，都遭到严重的践踏。十字骑士团在战场上难以取胜，就想通过恐怖和恫吓手段迫使瓦尔米亚投降。阿尔布雷希特从良城给奥尔什丁写了一封信，要求该城立刻投降，并威胁说，不投降就要把它彻底化为灰烬。然而，守卫者不但没有被吓倒，反而加强了防卫准备。1521年1月26日，十字骑士团部队向奥尔什丁发起进攻，妄想用突袭的办法攻占该城。十字骑士团曾一度攻破了城墙上的一个角门，但很快就被守卫者击退了。守卫者知道，这是敌人的第一次试探性进攻，很快还会发起全面攻击。从此以后，士兵们日夜坚守着阵地，一刻也没有离开过城墙。市民们守着熬着焦油的大锅和盛满冰水的大桶，随时准备配合战斗。经过几天的相持和激战，十字骑士团放弃了从近处攻城的尝试，把部队撤离了一段距离。他们埋伏在土坑里或水沟里，用大树和茅屋做掩护，随时伺机反扑。

以波兰国王为首的波兰最高司令部，以及法比安主教，还有那些惦记自己财宝安全的瓦尔米亚神甫，都睁大眼睛关注着奥尔什丁。所有的人都为奥尔什丁的守卫者们鼓劲。2月初，法比安主教给留在奥尔什丁的哥白尼和另一个神甫施内伦贝格写信说，要他们坚守住，不要害怕敌人。如果没有人叛变的话，敌人既拿不下城堡，也攻不下城市。

副主教扬·斯库尔泰蒂在给哥白尼的信中也说："我很穷，但我即使只有两件衬衣，也情愿为保卫奥尔什丁和仁慈的您贡献出一件来。我真诚希望你们像以往一样，不惧怕敌人的进攻。有人说波兰国王的兵力已经穷尽，那是不足为信的。有些人认为，战争将变得更加残酷，而另外一些人则相信，不久即将实现和平……我祈求上帝，保佑您精神愉快。最后我要对您在最困难和危险时期所付出的巨大心血表示感谢。"

在保卫奥尔什丁的战斗中，哥白尼虽然是个科学家和神职人员，但他是奥尔什丁真正的防御司令，是一个真正的战斗英雄。这座城市的命运在很大程度上是取决于他的。他在密切同波兰军队合作的同时，竭力做好防御工作。他对十字骑士团不抱任何幻想，没有同十字骑士团进行任何谈判，一直坚定地站在反对骑士团的立场上。正是他的这种坚定态度拯救了奥尔什丁，使其免遭十字骑士团的占领。他们打退了十字骑士团的多次进攻，终于坚持到最后的胜利。

十

面对满目疮痍的土地，为了医治战争的
创伤，恢复行政秩序和经济秩序，哥白尼付
出了巨大的精力和心血，终于同人民一起度
过了民族的艰难时期。

1. 医治战争创伤

在经受了十字骑士团进攻的考验，哥白尼继续为保卫奥
尔什丁坚持斗争的时候，十字骑士团部队内部也正经历着严
重的危机。军队损失惨重，却没有取得比较大的胜利，这
在骑士团士兵和雇佣军中已经引起强烈不满，出现了骚动，
这种骚动随时可能演变为士兵暴动。十字骑士团的士兵谩骂
大首领。雇佣军的士兵要求发放拖欠的军饷，甚至把事先发
饷作为开始包围和发起进攻的条件。在这种形势下，十字骑
士团大首领阿尔布雷希特便中途离开了前线，返回克鲁莱维
茨，他认为回到自己的首都要比待在自己的军队中更安全。
1521 年 3 月 26 日，十字骑士团终于停止了战争。4 月 5 日达

成了所谓的托伦妥协，实行4年停火。双方决定，各自占领的土地在停火期间维持原状，不予调整，波兰和十字骑士团之间的一切争执都将通过外部因素加以调解。这外部因素中，就包括公开同十字骑士团友好并站在他们一边的德国皇帝卡罗尔五世。

虽然战争行动停止了，但十字骑士团仍不断破坏停火协定。4月5日，布拉涅沃的十字骑士团向几个地方发动突袭，占领了皮耶宁日诺和它周围的地区以及托克米茨克县。神甫会其他一些佃户区，也遭到十字骑士团的侵略。这些都成为瓦尔米亚主教和神甫会同十字骑士团之间发生新的冲突的根源，瓦尔米亚居民及其行政管理人员对十字骑士团的仇恨也日益加深。十字骑士团的大规模进攻虽然停止了，但这并不意味着同十字骑士团的武装冲突完全停止，多次实践已经使哥白尼看到，任何条约和协定对十字骑士团没有约束力。

战争给瓦尔米亚造成了巨大的损失和破坏，大部分农庄已被践踏和洗劫一空。战争开始以前，奥尔什丁佃户区只有10%的农田荒芜，而战后，被荒废的土地增加了两倍。刚刚停火一个月，哥白尼就重新开始了安置佃户的工作。从1521年5月6日到5月31日，哥白尼为荒废的农田做了8次安置移民工作。为了鼓励农民尽快地接管被遗弃和被破坏的土地，哥白尼提出了许多减租和免税措施。这对相邻的玛佐夫舍地区的人们产生了很大吸引力，许多被称为玛祖尔人的波兰移民纷纷到这里定居。 这对该地区未来的民族结构和民族命运产生了深远的影响。

1521 年 6 月， 哥白尼把自己的行政管理人的职务交给了蒂德曼·吉斯神甫。 因为哥白尼已经被选为瓦尔米亚专员，专署设在奥尔什丁。 瓦尔米亚专署是 1521 年临时设立的，主要是为了恢复因战争遭到破坏的经济和社会秩序。 担任专员是哥白尼行政职务的一次晋升， 也是对他战前和战争期间所从事的行政组织活动表示赞赏和肯定的证明。 人们把哥白尼看成对十字骑士团毫不妥协的人， 甚至在最艰难的时期，也没有丝毫退缩。 他既没被十字骑士团所吓倒， 也不为其所利诱， 所以人们相信他能够正确代表神甫会的经济利益和政治利益。

1521 年 6 月， 哥白尼搬回弗龙堡居住。 这里从事天文学研究的条件要比奥尔什丁好得多。 在很早的时候， 哥白尼就把神甫会分给他负责管理维护的一座塔楼改装成了天文观测台。 塔尖的最高一层， 有三个窗口， 里面就是他的工作室， 他可以从这里的窗户里， 向四面八方观察天象。 当在塔顶不能进行观测时， 可以利用下面的回廊， 那是工作室通往西边侧门的过道。 在这里的平台上， 可以舒展地摆开仪器。 观测的时候， 既不会碍谁的事， 也不会受谁的打扰。现在， 尽管战争已经结束， 但哥白尼用于观测天体的时间仍然是有限的， 更没有完整的时间系统地整理他的天文学著作。 现在还有许多行政事务占去他大量的时间和精力。 他必须为了调整神甫会和十字骑士团的紧张关系而举行一系列会议, 还要对弗龙堡佃户区的森林进行监督。 此后的几个月里, 哥白尼又担任了神甫会财产的视察员, 经常对神甫会财产问题外出视察。 接下来的几年中, 哥白尼也多次到奥尔什丁的城堡视察工作。 战争刚刚结束的几年, 瓦尔米亚神甫会的处境非常艰难。 哥白尼作为神甫会的代表, 必须经常参加普鲁士各界的代表大会, 同代表们一起商讨如何制止十字骑士团在瓦尔米亚土地上进行新的颠覆和破坏活动, 并想办法迫使他们遵守停火协定。

1521 年 7 月 25 日, 在格鲁琼兹举行了一次普鲁士各界代表大会。 波兰国王的代表和十字骑士团大首领的代表都参加了这次大会。 瓦尔米亚神甫会事先起草了一份指控材料, 准备在这次代表大会上对十字骑士团的罪行提出控诉。 这份控诉书, 是哥白尼最忠实的朋友、 也是十字骑士团不共戴天的仇敌蒂德曼·吉斯写的。 指控书由神甫会的两名代表蒂德曼·吉斯和扬·斯库尔泰蒂在代表大会上宣读。 这份指控书虽然不是哥白尼亲手撰写的, 但它直接反映了哥白尼的观点, 是在哥白尼的影响下起草的。 神甫会失掉的土地, 直到 1525 年签订克拉科夫协定之后才得以恢复, 因为那时候十字骑士团的大首领已经向波兰国王俯首称臣。 这是以后的事。

2. 从行政总管到最后一任办公厅主任

　　1522 年 1 月 30 日， 瓦尔米亚主教法比安·卢兹扬斯基去世。 按照当时教区的传统习惯， 在新主教产生之前， 由一名神甫代表接管教区和神甫会的领导权。 这名代表被称为瓦尔米亚主教区行政总管。 这是一个政权交替时期负有最高责任的职位， 借助它度过这段"无主时期"。 神甫会便推选了哥白尼在这 9 个月的时间里担任了这一最高职务。 甚至在选出新主教以后， 哥白尼仍将行使这一职责， 直到新主教的选举得到教皇的批准为止。 上任以后， 哥白尼立即采取有力的措施， 加强各城堡的防御能力， 预防十字骑士团的进犯。哥白尼担心十字骑士团有侵略瓦尔米亚的野心， 这种警惕性不是没有根据的。 因为十字骑士团竭力想利用瓦尔米亚主教法比安之死来攫取瓦尔米亚。 如果用暴力达不到目的， 就通过在罗马教廷的外交手段来达到目的。 法比安主教在世时，十字骑士团的大首领就派人在罗马做过很多努力， 以达到把瓦尔米亚合并到十字骑士团国家的目的。 法比安主教去世后， 大首领又立刻催促在罗马的代理人采取更有力更有效的行动。 他们要让哈德利亚六世教皇相信， 瓦尔米亚与骑士团国家合并对教廷是有利的。 但是教皇看到十字骑士团国家已经陷入了严重的财政危机， 大首领不会有什么重要报答， 便做了模棱两可的回答，既不支持大首领，也不支持波兰国王。但瓦尔米亚一直是从属于波兰国王的，教皇的态度实际上有利于波兰国王。

法比安主教之死使驻扎在瓦尔米亚的波兰部队进入了戒备状态，波兰王宫密切注视着该地区面临的来自十字骑士团的威胁。国王立即把马尔堡的州长耶日·巴任斯基和普鲁士地区副司库、格但斯克总督扬·巴林斯基派到弗龙堡去处理补选主教的问题。他们于1523年2月26日抵达弗龙堡，并把委任书交给神甫会和主教区负责人，就是副主教扬·斯库尔泰蒂和瓦尔米亚教区行政总管哥白尼。两位负责人对国王派来的特使说：神甫会已经决定，将按照国王签订的第二个彼得库夫条约的规定选举新主教，不与国王协商就不会采取任何行动。不久，神甫会的使臣前往克拉科夫，向国王递交了弗龙堡神甫的名单，请国王选定4名神甫，以便神甫会从中选出一名主教，然后再请教皇批准。1523年4月4日，国王确定了4名主教候选人，4月14日进行了主教选举。哥白尼参加了选举。结果，得到国王支持的神甫莫里齐·费贝尔当选了主教。费贝尔的当选使十字骑士团非常不满。因为他们知道，新主教将同波兰密切合作。这无疑使十字骑士团霸占瓦尔米亚的阴谋遭到挫折，甚至会化为泡影。

瓦尔米亚新主教莫里齐·费贝尔赢得波兰国王的信任是有原因的。他出身于格但斯克的贵族家庭，是格但斯克市长的儿子。 16 世纪初叶他在意大利留学， 获得两个法学博士学位， 一个是教会法博士， 一个是世俗法博士。 国王喜欢他， 因为费贝尔家族对波兰国王向来是忠诚的。 费贝尔主教也确实没有辜负国王的信任， 他和哥白尼一同努力， 大大促进了医治战争创伤和恢复瓦尔米亚经济的工作。 两个人一起在 1525 年至 1528 年从事移民工作， 有 40% 的移民是来自玛佐夫舍地区的波兰农民。 在密切同波兰的关系方面， 做出了显著的贡献。

哥白尼在辞掉瓦尔米亚行政总管职务后， 又两次当选为神甫会办公厅主任， 一次是 1523 年， 另一次是 1525 年。他认真履行自己的义务， 领导神甫会办公厅工作， 编辑各种函件， 监督神甫会的财务工作。 这段时间， 正是他们和十字骑士团的大首领及大首领的办事人员频繁发生冲突的时期。

冲突首先是由占领布拉涅沃的十字骑士团部队指挥官多纳挑起的。 1523 年夏天， 多纳洗劫了弗龙堡附近属于神甫会的克热村。 由于这一次轻易地得逞， 多纳便不可一世， 1524年春天， 他又对布拉涅沃附近几个属于瓦尔米亚神甫会的村庄提出领土要求。 在这种情况下， 神甫会一方面向十字骑士团大首领的临时代理人提出交涉， 一方面请示费贝尔主教，并请求正在格但斯克的波兰国王的使臣给予援助， 最后又直接向波兰国王递交了指控书。 像过去一样， 这些指控十字骑士团的文件，都是哥白尼起草的。哥白尼在指控书中列举了十字骑士团破坏和平的桩桩罪行，控诉了十字骑士团办事人员的倒行逆施。他深有感触地责问："用信件反对那些制造既成事实的人有什么用呢？"同多纳的冲突并没有从此结束，这一年 5 月，多纳又扣留了经过布拉涅沃的弗龙堡神甫会方面的一个市长，侮辱他，诬陷他从事间谍活动，把他从马上掀下来，并且殴打了他的仆人。哥白尼又写信把这件事报告给费贝尔主教。为了防备十字骑士团的暴行，神甫会便雇用了 30 名士兵。哥白尼维护的不仅是神甫会的局部利益，也是波兰王国的利益。因此，波兰国王齐格蒙特·斯塔雷写给神甫会的信中肯定了这一点，对哥白尼的行动表示支持。

十字骑士团表面上看来气焰嚣张，不可一世，其实它的国家内部形势是非常艰难的。半个世纪以前同波兰的 13 年战争的失利，不仅摧毁了它的军事实力，经济上也不景气。陈腐的国家结构，严重削弱了国家经济。虽然骑士团在德国皇宫积极开展外交活动，但德国卷入了同意大利的战争，没有能力向十字骑士团提供军事援助。在这种形势下，十字骑士团的大首领决定取消骑士团国家，成立依附于波兰的世俗的路德派公国，这样就可以享受世袭的公爵权力。这个想法得到骑士团部分领导人的支持，也得到波兰王宫中部分官员的支持。1525 年 4 月 8 日，签订了波兰—普鲁士条约，几天以后， 原来的骑士团大首领阿尔布雷希特， 作为普鲁士公国的统治者， 在克拉科夫举行了向波兰国王齐格蒙特·斯塔雷进贡的仪式。

克拉科夫条约应该说是波兰外交政策中的一个不小的成绩， 它标志着同十字骑士团的战争时期结束了， 波兰北部边界的安全有了保证。 按照和平条约的规定， 阿尔布雷希特把战争期间和战后十字骑士团抢掠的财产归还了瓦尔米亚的神甫们， 而且阿尔布雷希特有义务向波兰提供军事援助。 波兰封他为共和国参议员。 当时人们还不清楚， 签订这个条约以后将给波兰带来何等后果。 当年哥白尼的舅舅主张消灭骑士团或从现有领土上驱逐十字骑士团的思想， 早已被人们抛到九霄云外了。

形势的变化给哥白尼又增添了不少工作。 他必须把十字骑士团占领过的财产整理好， 一方面要恢复行政秩序， 另一方面要恢复经济秩序。 另外， 哥白尼还和阿尔布雷希特的代表举行了会谈， 讨论瓦尔米亚和普鲁士公国之间全面调整经济关系和社会关系问题。 和邻国制定相应的关系准则， 又花去了哥白尼两年的时间。 1528 年 7 月 6 日， 这个准则得到批准和签署， 哥白尼是签署人之一。 1529 年， 哥白尼最后一次当选为神甫会办公厅主任。 同十字骑士团结束冲突这件事， 成了哥白尼生活中的一个重要转折。 从保卫瓦尔米亚， 抵御骑士团的侵略， 到正确领导瓦尔米亚发展经济， 医治战争创伤，这段耗费哥白尼很多精力和心血的艰难时期终于宣告结束。从此以后，哥白尼才算有了较多的时间从事天文学研究。

十一

哥白尼不仅是个伟大的科学家，而且也是个出色的经济学家。他的经济理论超出时代和阶级的局限，具有先进和革新精神，并且代表了贫苦人民的利益。

1. 货币危机

作为一个杰出的人文主义者，哥白尼对知识和社会生活的各个领域都有着浓厚的兴趣，对经济领域的问题也很精通。他的经济管理知识来自书本的远不如来自亲身实践的多。管理瓦尔米亚神甫会财产的过程，使他获得许多经济学知识。这位酷爱学习的人文主义者更像一个拥有地产的人或像一个热忱的行政管理人，而不像一个学者。因为在他从意大利留学归来，长达 20 多年的时间里，他很少有空闲时间读一读书和从事一下自己的研究工作。

在作为神甫会财产管理人期间，哥白尼必须操心的是，要使所有的土地都得到耕种，并且得到最好的管理，以便获得最大的收入。 当时瓦尔米亚生产的农产品， 远远超出瓦尔米亚本地区的需要， 哥白尼就把剩余的农产品卖到外地甚至外国。 从事这些复杂贸易要求对货币问题有透彻的了解。 哥白尼渊博的数学知识在这里有了用武之地。 贸易是借助货币进行的， 而这些货币的表面价值和实际价值有着千差万别。为了不上当受骗， 必须了解各种货币制度和各种货币的价值， 因为出售商品收入的货币是由不同造币厂制造的。

当时的货币是用金属铸造的， 主要是用银加入一些铜来制造。 当时人们还不懂得印制纸币。 即使发行了新货币，旧货币也可以照样流通， 它的贵重金属含量保证了它的应有价值。 虽然法律对货币中贵重金属和其他金属的含量作了规定， 但有些人为了谋利， 常常改变这种规定的比例关系，铸造一些贵重金属少的假币。 在哥白尼生活时期， 波兰的货币形势迫切要求进行一次根本性改革。 当时波兰市场上流通的货币有 17 种之多。 除了波兰当代铸造的货币外， 还有波兰早期的货币， 以及立陶宛、 捷克、 匈牙利、 西里西亚和十字骑士团的货币。 有的货币， 它的表面价值同它的贵重金属含量相符， 称为良币。 另外一部分则称为劣币， 它的重量和贵重金属含量都低于表面价值。 当时无论是国库还是商人， 都因为接受了这种劣币而蒙受了很大的损失。 特别是在十字骑士团和波兰交战前后， 十字骑士团铸造了大量的劣币流入波兰， 他们勾结地方上的贪官污吏， 利用农民辨别货币知识的缺乏， 用劣币大量采购农民的粮食、 牲畜、 木材等。 十字骑士团通过劣币获得的收入， 并不比他们发动战争抢掠的收获少。

　　价值比较高的良币在市场上越来越少了。 一部分人把它作为储存资本的好途径而大量囤积， 另一部分人则把它运到国外熔炼， 用它再造出更大数量的劣币。 货币的紊乱造成了市场的混乱， 甚至导致了严重的金融危机。 就在这个时刻， 哥白尼担任了瓦尔米亚神甫会的财产管理人职务。 哥白尼经常就神甫会的财政困难和金融损失问题同周围人交换意见， 并指出摆脱货币困境的出路。 主教和神甫会曾要求哥白尼把他自己有关现行货币关系的意见写成书面材料。 1517 年 8 月中旬， 哥白尼在奥尔什丁用拉丁文写出了有关货币论文的纲要， 题目叫《深思熟虑》， 这篇纲要受到人们的赞赏， 于是在 1519 年普鲁士实行货币改革时， 有关方面专门征求了哥白尼的意见。 后来， 哥白尼把这篇纲要作了一些修改， 又翻译成德文， 以便使更多的市民了解这一问题。 哥白尼为这篇德文译本起的题目是《造币方法》。 1519 年年底在托伦召开的代表大会本来计划要讨论货币问题， 但因波兰与十字骑士团战争的爆发， 不得不把这件事情推迟了两年。

2. 货币改革家

波兰和十字骑士团签订和约以后，货币问题重新提上了日程。波兰国王也看到了改革的必要性。1522年3月下旬，货币改革问题正式列入了在格鲁琼兹举行的普鲁士代表大会的议事日程。瓦尔米亚神甫会的蒂德曼·吉斯和哥白尼参加了这次会议。哥白尼一方面对十字骑士团非法占领瓦尔米亚的一些城镇和城堡提出指控，另一方面又宣读了他三年前撰写的论文《论货币的信誉》。

撰写这篇论文时，哥白尼利用了自己的数学知识，还有社会科学知识。他利用观察自然的科学方法对当时的社会经济关系进行了观察和研究，所以从某种意义上来说，他的天文学知识在这里也起了作用。哥白尼把货币看作一种经济现象，按其含金或含银的数量来评价它的价值。按照哥白尼的理论，货币就是带标志的金和银，用它来抵偿被买卖的东西的价值。为了使金属成为货币，必须在上面加印公章，公章如实地标示出该金属中金或银的含量，从而赢得公众的信赖。哥白尼认为，在铸造货币时掺杂非贵重金属是必要的，以便使硬币的形状具有相应的持久性，同时也使非法熔铸活动受到限制，甚至成为不可能。这种含义的货币是一种社会产物，能够方便商品交换。

　　哥白尼认为，货币包含着价值和信誉两个方面。货币的价值取决于其所含贵重金属的数量和质量，这是货币的内在价值，正是这内在价值使货币成为商品，用它换取其他商品。货币的信誉是指货币的名义价值，也就是国家当局加盖的戳记所标示的数额。哥白尼认为，良币的名义价值应该等于它的实际价值。但他承认，必须使它的名义价值略高于实际价值，高出的部分相当于货币本身的生产成本。这个差额应该在戳记上标示出来，戳记"赋予物质以尊严"。哥白尼还在他的论文中分析了货币价值下跌的各种原因，他写道："要么成色不足，即贵重金属含量不足，在同样的重量中铜的比例偏大；要么是掺入了其他杂质；或者二者兼而有之。那就更糟。货币流通时间过长也会造成货币价值的下跌，因为长时间流通会使贵重金属得到磨损。一旦出现这种情况就应该发行新货币。如果货币中银的含量远远低于用这枚货币所能买来的银的数量，那就表明这种货币是典型的劣币，同时也说明货币已经贬值。"

　　从哥白尼的论述中可以看出一些世界性的经济现象。他的货币价值理论是先进的，远远超出了当时的理论水平。中世纪主要流行两种货币理论：唯名论和实在论。两种理论各有自己的货币价值标准，评价的依据也各不相同。唯名论认为货币的价值是由法律确定的，而实在论认为货币的价值是由货币本身决定的。根据唯名论观点，货币的价值是由刻压的印记加以标示的， 而印记的确定是由政府确定的。 这是货币的名义价值， 哥白尼称之为货币的信誉， 中世纪货币的汇率自由确定， 这就使一些名义价值相同而金或银的含量不同的货币同时在市场上流通。 哥白尼是坚决反对唯名论的， 这使他不承认统治者有自由确定货币名义价值的权力。 哥白尼说："最大的犯罪和无法弥补的过错是国家统治者、 管理者， 或者其他愚昧的人想从造币事业上谋取好处， 于是他们就增加正在流通的货币的数量， 而新增货币的贵重金属含量和重量却不足……搞这种名堂的人不仅伤害了自己的臣民， 也损害了自己， 得到的好处只是暂时的， 而且是微小的。 他的行为就好像一个吝啬的农夫， 为了节省良种就播种坏种子， 到头来收获的恶果要比播下的坏种子还多。 货币的信誉遭到了破坏， 就好像杂草窒息了禾苗一样。" 哥白尼曾经严厉地谴责了十字骑士团制造劣币和伪币的行径。 哥白尼充当了小贵族和农民， 首先是市民阶层的代言人。 劣币和伪币的流通， 使这些人受到了很大的经济损失。

实在论认为货币的价值是由其贵重金属的含量决定的。只有含有贵重金属的货币才能成为贸易交换的良好手段。 随着国际贸易的发展， 贷款业务的增加， 以及金融经济的发展， 实在论赢得越来越多的拥护者， 尤其在市民阶层中。实在论反映了当时的主要经济关系， 直到出现了以银行支票的票据形式的合同货币和结算货币以后， 实在论才失掉了意义。

　　当哥白尼看到流通的货币不断恶化并不断造成各种社会危害的时候，他提出了劣币定律："当原来比较好的货币尚在流通的时候，又发行新的低劣货币，那么这种劣币不仅会影响原来的良币，而且还会把良币驱逐出市场……当这种灾难触及货币，并通过货币触及整个国家的时候，只有金银匠和熟悉金银业务的人才能从国家的不幸中捞到好处。因为他们会从各种各样的货币中挑选出原来的良币，把里面所含的银提炼出来，加以出售，同时又总是用它从无意识的平民中买进包含在货币中的更多的银。当良币从流通中消失以后，他们又选择相对较好的货币加以收进，而给市场留下最坏的货币。于是人们产生了普遍的和不断的抱怨，抱怨金、银、谷物的价格，雇工费，手工匠的劳务费，以及社会交往中的一切费用都在上涨。其实，这未免太粗心了，他们没有想到，货币的恶化是一切东西涨价的根源。因为价格，首先是金银的价格，是随着货币的情况在相应地上涨或跌落。货币的价值不是由紫铜或黄铜，而是由金或银的含量来决定的。金和银被认为是货币的基础，货币的全部价值都是依金和银为依据。"

　　这种劣币驱逐良币，使货币贬值、物价上涨的现象，早在哥白尼之前就被人们普遍认识到了，但哥白尼第一个发现了其中的经济规律。这种规律作为一种法则，在劣币出现并与良币同时流通时, 就会自动起作用。 然而, 长期以来, 这种劣币驱逐良币的定律, 一直是用晚于哥白尼的一个叫作格雷欣的名字来命名的, 被称为"格雷欣" 定律。 格雷欣是 16 世纪后半叶英国的一位经济学家。 哥白尼关于货币的论著, 比他的发现更早。 为了尊重哥白尼的研究成果, 这个劣币法则便改叫作"哥白尼格雷欣定律"。

哥白尼从 1517 年写出他的第一篇有关货币论文的纲要开始, 就不断地致力于货币改革的工作。 在这个工作过程中, 哥白尼不断地提出一些重要的意见。 当然, 出于各自的利害关系, 哥白尼的改革货币的主张, 得到很多人的支持和拥护, 但也有反对的意见。 各种观点经过了长期的碰撞, 一直到 14 年之后, 哥白尼才亲眼看到了自己取得的部分胜利。

3. 全面进步的经济学家

哥白尼撰写的关于货币问题的论文, 表现了哥白尼在经济实践和经济理论方面的广泛兴趣。 他是一个全面的经济学家, 他的经济理论已经超出了封建经济的范畴。 哥白尼的经济观点是同文艺复兴时期的经济发展密切相连的。 人文主义和文艺复兴的故乡, 即意大利的一些城市, 是哥白尼最愿意效法的经济楷模。 哥白尼在意大利不仅学到了天文学知识和艺术知识, 同时也学到了先进的管理方法。 这种管理方法在

16 世纪已经对波兰产生了影响。 货币作为使国家富强的重要手段在新经济中起了重要作用， 所以哥白尼特别重视货币问题。 哥白尼认为， 劣币会导致懒惰、 消极和无所作为， 而这种状况又会导致国家衰退。 所以， 哥白尼谴责懒散行为，不是因为它违背教会的教导， 而是因为它有害于本国经济，是对自己国家的犯罪。

哥白尼非常勤奋， 甚至在他临终前还在从事各种工作。从表面上看， 哥白尼的多种爱好之间好像没有什么直接的联系， 实际上是有着密切联系的。 表面上很抽象的知识却很有助于他认识世界和改造世界。 哥白尼不仅在纯科学领域同僵化的观点进行斗争， 而且把这一斗争扩展到社会生活和经济生产领域。 哥白尼摒弃了中世纪经济自给自足的观点， 公开宣传经济发展最重要的条件之一是多边贸易， 而不是自给自足。 哥白尼不认为拿自己的东西进行贸易有什么不好， 而当时的贵族则认为这是有损人格的可耻行为。

1531 年年底， 哥白尼在视察工作期间， 在奥尔什丁编制了一份"奥尔什丁面包定价表" 的材料， 对该市和瓦尔米亚其他城市的面包价格和分量作了具体规定。 在面包价格问题上， 他一方面为居民着想， 尽量压低面包价格， 另一方面也要使面包匠能有适当的收入。 他规定面包的价格应该等于所用的面粉等原料的价钱。 而面包匠的工资和其他费用， 则靠糠款等副产品的收入来支付。 这是中世纪大力提倡的一种公正价格，哥白尼把"使面包具有真正合理的分量和价格"作为自己工作所要达到的目标。

本来，哥白尼是一个著名的天文学家，但他同时也是他那个时代的经济学家。管理经济的才能使他成为一个好的主人和有能力的组织者。他还善于把这方面的实践经验应用到理论研究中去。另外，哥白尼虽然是一个神职人员和法律学者，但在经济研究中，他摆脱了宗教和法学观点的束缚和影响。他考虑的是广大社会阶层的经济利益，而不单纯是封建阶级的利益，因此哥白尼是当时先进的市民阶层利益的代言人。他的改革设想是针对封建管理理论的，他努力用符合新经济形势的新理论取代那些封建理论。在当时，他的经济模式是先进的和富有革新精神的。他本人作为瓦尔米亚的神甫，属于封建阶级，但在他的经济模式中没有考虑封建阶级的利益。他考虑的首先是手工业者和他常说的创造财富的人们的利益，而这些人正是封建阶级所瞧不起的劳动者。哥白尼没有像他同时代的一些人陷入乌托邦的空想之中，而是研究了具体的客观条件，并指出了利用和改造这些条件的方法。他代表着主要由封建主组成的改革派，但他的主张并不是为巩固封建主义服务的，而是为市民阶层服务的。历史事实证明，贫苦人民是尊崇哥白尼的，把他看成是自己的庇护者和代言人。作为神甫会财产管理人、神职人员和医生，他用自己的智慧和力量，为贫苦人民服务了一生。

　　哥白尼在自己的经济著作中没有忘记贫苦人民。 无论是在论述货币改革时， 还是在确定面包价格时， 他都考虑到社会最贫困阶层的利益。 他担任财产管理人所从事的活动， 对遭灾的农民实行了减租减税措施， 体现了他对农民的友善态度， 这种同情农民的人道主义是一直被人们所赞扬的。

十二

接近老年的哥白尼逐渐摆脱了从事多年
的公务工作，终于有了较多的时间从事他所
喜爱的科研活动。然而令人痛心的是，瓦尔
米亚却进入一个不利于发明和发现的时期。

1. 并非偶然的收获

1531 年以后， 哥白尼终于逐渐摆脱了从事多年的公共服
务工作， 有了较多的时间从事自己所喜爱的天文学研究。 那
时， 哥白尼已经是将近 60 岁的老人。 舅舅早已不在人世，
自己的老同学和老同事也越来越少， 有的已经谢世， 有的则
获得了很高的教会职务。 哥白尼虽然是神甫会中年纪最长和
任职时间最长的人， 但仍然只是一个普通的神甫。 青年时代
的熟人大多已经离去， 接替他们的人是整整比哥白尼晚了一
辈的年轻人。 哥白尼和他们没有太多的共同语言， 这些年轻
人的生活阅历和知识都不能和哥白尼相比。 青年人以崇敬的
目光看待哥白尼， 把他看成是一个可望而不可即的智慧老

人。 在他的老朋友中， 只剩下蒂德曼·吉斯， 其他担任了教会重要职务的人， 都把同哥白尼相识的事忘得干干净净， 有时甚至采取不友好的态度对待他。 好在他有自己所喜爱的天文学事业， 所以生活在弗龙堡的哥白尼虽然孤独， 但并不空虚。

在很早以前， 哥白尼就把他的太阳中心说理论提纲， 写成了《浅说》 一文。 从 1515 年， 他才开始写他酝酿了十几年的主要著作《天体运行论》， 这部著作将包括哥白尼的全部天文学学说。 最初他把自己的著作取名《运行》。 哥白尼认为， 运动是生命的真谛， 它存在于万事万物之中。 上自天空， 下至深海， 静止死寂的东西是没有的。 任何东西都要变化、 生长、 消亡， 千秋万代， 循环不止。 春天和秋天， 诞生和死亡， 全部按照自然和规律彼此交替， 都遵循着固定不变的法则运动着。 天体也是一样。《运行》 这部书， 就是要揭示大自然和宇宙这个最根本的奥秘。 这是一个非常艰苦而又巨大的工作， 他必须付出极大的精力才能完成这部巨作。

哥白尼写完《运行》 的第一卷， 写作速度就减慢了。有个很大的困难像拦路虎一样把他挡住了。 为了克服这个困难， 他在意大利留学时就开始了攻坚， 但奋战了十几年，成果还是不大， 现在要具体地写成一部著作， 问题就显得尖锐起来， 他多少次望着稿件发愁， 甚至写不下去了。 有一次，哥白尼心里很乱，便从他的塔楼上下来，到庭院里散步，走到图书室门前的时候，正好遇到两个神甫。他们都知道哥白尼对天文学的研究非常刻苦，便产生好奇心，请哥白尼打开图书室的门，想借几本有关天文学的书籍看看。哥白尼一身数职，既是医生，又是图书管理员。哥白尼打开图书室的门，陪着两位神甫挑选天文学方面的书。向他们推荐了几本，还简单地讲了讲内容，可是他们有的嫌深奥，有的又嫌浅显，一本也不中意，于是就自己动手翻书架。就在这时候，出了一件稀罕事。

人们都知道，在科学家的研究生涯里，有些问题往往需要经过长时间的探索。一年两年，甚至十年八年，始终得不到最后的结论是很正常的。可是就在这样刻苦钻研的时候，却会出现偶然的机遇，在极短的瞬间，他们的疑难就会迎刃而解。这种难得的机会也不能说是纯粹的巧合，而是对辛勤劳动的补偿。哥白尼现在就是这样。

原来有个神甫从书架上取下一本不太知名的书，他翻开看着，引起了兴趣。哥白尼走到他身后，看了一眼他手中翻动的书页。原来这是哥白尼十分敬仰的希腊学者普鲁塔赫的著作，但这本书不是他的名著，所以哥白尼没有读过。哥白尼的眼睛很快地扫过书上的图表、数字和说明。看林人是熟悉树林中每一棵树的特性的，只要把整个树林扫上几眼，就会知道每一棵树木发育的情况。哥白尼对天文学著作的内容， 也是一眨眼就能看个分明。 等到那位神甫翻动书本的时候， 哥白尼一把按住了他的手。 神甫正感到奇怪， 没想到哥白尼一把抢过了那本书， 仔细地看着那些难懂的字，发了一阵呆。 然后啪的一声把书合上， 高兴得手舞足蹈。他向那个神甫说："对不起， 这本书我先看了。" 说着转身就朝他的塔楼跑去， 弄得两个神甫莫名其妙地愣了半天。

原来那本书上吸引哥白尼的地方， 是古代埃及历法上 12个月的名字。 这些名字的发现使他那样惊喜， 以至于如获至宝地要奔回他的塔楼加以核对。 埃及历法上 12 个月的名字，这个看起来无足轻重的问题， 哥白尼已经花了十多年的时间去探索。 因为它们的意义太重大了， 对于哥白尼的研究工作太密切了， 特别是古代埃及天文学有很多值得借鉴参考的地方。 但是埃及历法经过 1000 多年的辗转传抄， 抄写的人抄错了许多， 后来的人更是错上加错。 在同一本书里， 同一个月份会有好几种拼法， 在另一本书里， 拼法又会不同。只有真正掌握了古代的计时方法， 才能充分利用古人观测天象的记录。 今天再观测天象时， 就不是只用自己的一双眼睛， 而是用古代学者所有的眼睛。 这样就能观测得更清楚、更全面。 但真正弄懂古代学者的理论又谈何容易。 哥白尼认为， 你要把书本上的所有错误来个大扫除， 就得搜集原始资料， 但这种原始资料本来就不多， 可以相信的就更少了，遇到这种麻烦事， 就得花费长年累月的工夫。 因此他从在意大利留学时就开始搜集资料， 多年来他花费了多少心血， 把搜集的许许多多的实例， 都一件件地抄写在记录本上。 光他的记录本， 已经积累了厚厚一摞。

这一次， 哥白尼终于在古希腊学者普鲁塔赫的书里找到了一份珍贵的资料， 这怎能不叫他惊喜？ 他拿了这本书， 一个月份一个月份地进行核对， 他把自己搜集的资料翻了又翻， 查了又查。 一会儿抄写， 一会儿计算。 每当遇到这种情况， 哥白尼就废寝忘食。

解决了一个重大的难关， 从此哥白尼就可以得心应手地引证古人的观测记录。《运行》 这部巨著的写作便稍微顺利了一些。

2. 宗教改革运动的干扰

正如前边所介绍的， 和十字骑士团的斗争， 繁忙的行政公务， 实在牵扯了哥白尼太多的精力和时间， 他的《运行》也只能是写写停停， 停停写写。 又是十几年过去了， 哥白尼已近老年。 摆脱了多年繁忙的行政服务工作， 本来是有较多的时间从事研究和写作了， 但这时的瓦尔米亚， 已经进入一个不利于发明和发现的时期。

当时在意大利以北的一些国家， 正兴起一个宗教改革运动， 后来发展到反对教会教皇及其整个统治系统。 这场宗教改革运动是德国威丁堡教授马丁·路德掀起的。 马丁·路德强烈谴责教会从事的贩卖"赎罪卷" 活动， 否定主教会议的绝对正确性， 否定教皇的权威， 要求取消宗教等级制度。他把福音书看成信仰的唯一基础， 他摒弃了许多圣礼仪式，取消了对圣人的崇拜和修道院的宣誓活动。 他要求神职人员完全贫穷化， 剥夺教会占有的财产。 路德学说的拥护者被称为新教徒。 不久， 德国新教徒同罗马天主教徒之间开展了一场宗教斗争。 德国贫民把改善命运的希望寄托在宗教改革身上。 路德宗教改革的影响遍及所有西欧和北欧国家。

在法国和瑞士， 约翰·加尔文则掀起了另外一种宗教改革运动， 他像路德一样摒弃教会学说， 把圣经看作信仰的基础。 加尔文不承认多数圣礼仪式， 在取消宗教仪式方面比路德走得还远。 他把音乐和绘画从教堂中排除出去， 礼拜活动只局限于布道、 合唱和接受圣餐。 加尔文的改革思想也在欧洲出现了很多拥护者。

路德改革思想， 很快席卷了波兰， 其中也包括瓦尔米亚地区。 宗教改革运动对瓦尔米亚神甫会构成威胁， 因为这种运动要抹杀它存在的意义。 然而， 哥白尼对这种神学争论并不感兴趣， 不愿意卷入这场斗争， 也没有谴责过宗教改革者。 他虽然也是神职人员， 但在他丰富的遗著中没有任何例证能说明他深入地研究了神学， 也从来没有见他使用正统的教会观点去评价别人。 他知道， 他如果谴责宗教改革者，那是很不道德的，因为他自己从事的研究工作也正是反对正统教会思想的。他对社会改革的兴趣主要是经济性质的问题。有趣的是，哥白尼的朋友也是一些十分宽厚的人。法比安主教从不盲目轻信，更不是狂热者。费贝尔主教对许多问题也是睁只眼闭只眼，采取容忍态度。哥白尼忠实的朋友蒂德曼·吉斯一直都采取宽大为怀的原则。哥白尼自己从来没有像神甫会其他人那样厌恶路德的信徒，而且哥白尼的第一个学生，就是来自路德身边。

在市民阶层看来，路德主义是一种廉价的宗教，不要求人们为教会做出更多贡献。封建地主和穷人都对路德主义寄予希望，希望能把教会的巨大财富分掉。正是这样一些认识，形成了有利于传播宗教改革思想的条件。

1525 年，十字骑士团国家改建为路德派公国，从前十字骑士团的大首领阿尔布雷希特企图利用瓦尔米亚宗教改革的机会达到自己的目的。他没有能够用武力占领瓦尔米亚，于是便想通过灌输路德主义来达到攫取瓦尔米亚主教和弗龙堡神甫会土地的目的。他向瓦尔米亚派了一些传教士，去说服人们改信路德教。如果宣传运动顺利的话，他就能以宗教为借口，一举吞并瓦尔米亚地区。路德派传教士还利用所谓的传教机会，从当地教堂和修道院掠走了一些珍贵的文物。

这场宗教改革运动，在瓦尔米亚主教费贝尔看来，是对他分布广阔的财产的一种威胁，他不仅把这场宗教改革运动看成自己主要的意识形态敌人， 而且也是经济方面的敌人。
于是他坚决反对在自己的管辖地区传播路德主义。 费贝尔主
教忠于罗马天主教教会， 他发布各种指示， 禁止宣传新教。

费贝尔主教的继承者扬·丹蒂谢克， 年轻时曾是一个热
情的人文主义者和文学爱好者， 他担任主教后， 对宗教改革
运动也采取了非常严厉的反对态度。

由于宗教问题和社会问题交织在一起， 在埃尔布隆格爆
发了非常尖锐的冲突。 主要的冲突是穷人暴动， 反对贵族和
富有神职人员的压迫。 但是， 这场群众性的运动最后还是被
波兰国王平息了。 国王的钦差大臣还发布了一系列反对路德
教的指示， 禁止宣传和传播路德学说。 其实路德本人也会平
息群众运动， 他在德国也一向主张镇压人民革命。 他的学说
只是反对罗马天主教。

一系列的事件引起了哥白尼的联想。 哥白尼是同情人民
的， 但哥白尼对社会问题的观点是否会达到支持社会革命的
地步， 就不好说了。 学说在欧洲传得越来越远， 影响也越
来越大。 哥白尼的学说也传到路德耳朵里， 但对路德教来
说， 哥白尼的学说也是危险的。 这位宗教改革家是这样看待
哥白尼的科学发现的， 他写道：

有人提到一位新的天文学家，说他想证明：不是太空
和天，太阳和月亮……而是地球在动，在转圈子，现在的

事就是这样：谁想当聪明人，谁就要想出点儿特殊的东西来，而且又一定是最好的！这个蠢人想把全部天文学颠倒过来。然而，正如《圣经》所指出，约书亚命令地球，而不是太阳，停止不动。

路德的看法传到了哥白尼的耳朵里，路德教信徒也知道了路德的这一看法。不久，从埃尔布隆格传来一个使哥白尼感到痛心的消息。情况是这样的：1532 年 2 月 19 日，当地的路德教信徒在狂欢节化装舞会上嘲笑了教皇、主教、神甫及其他一些神职人员。在狂欢者的行列中，有一个影射费贝尔主教的丑角形象，那是一个穿着主教服装的滑稽可笑的人，在大街上一边走一边散发用来饶恕堕落和凶杀行为的赎罪卷。行列中还有一个打扮成弗龙堡神甫模样的人在装腔作势地宣称，说他是一个新的星占学家，他定住了太阳，转动了地球。这无疑是影射哥白尼的，这番表演在大街两旁的看客中引起阵阵哄笑。这件小小闹剧只不过是哥白尼老年时将要遇到的一系列痛心事的预告。此后的很多年中，愚昧的嘲笑声一直伴随着哥白尼。一些对哥白尼不友好的人因为这位智慧超过他们的人被嘲笑而幸灾乐祸。路德教徒并没有能力真正妨碍哥白尼，然而天主教的权贵们却能把哥白尼置于被告席上，并对他进行严厉审判。

十三

老年的哥白尼多灾多难，他只想有一个
从事科学研究的安静环境。然而宗教卫道者
一连串的报复打击，使这位对宗教教义持否
定态度的孤独老人经受了许多磨难。

1. 丹蒂谢克主教的报复

费贝尔主教是哥白尼在瓦尔米亚生活时期的第三个主教。
当费贝尔感到自己快要去世的时候，他在遗嘱中提出给他亲
密的顾问哥白尼留下一笔遗产，却没有把哥白尼看成主教的
接班人。费贝尔早就想把主教的职位让给自己的舅舅、哥白
尼的好朋友蒂德曼·吉斯。费贝尔曾努力使波兰王宫任命蒂
德曼为副主教，这样在他去世以后，副主教就可以顺理成章
地接替主教的职务。与此同时，海乌姆诺的主教扬·丹蒂谢
克就以把海乌姆诺主教职务让给蒂德曼为代价换取瓦尔米亚副
主教的职务。费贝尔主教临终前也表示，只要把海乌姆诺主
教职务交给蒂德曼·吉斯，就同意丹蒂谢克担任副主教。

1533 年 7 月 1 日， 莫里齐·费贝尔主教去世， 神甫会开始选举新的主教。 从神甫会提交的名单中， 波兰国王挑选了 4 名主教候选人， 其中有一名是哥白尼。 这是哥白尼第一次被提名主教候选人， 而且主要是出于礼貌， 因为忠于国王和波兰、 献身于天主教事业的扬·丹蒂谢克当选为主教已经是必定无疑的了。 然而就是这个丹蒂谢克， 当他担任了瓦尔米亚主教后， 却给了哥白尼很多刁难和麻烦。

哥白尼在青年时期就和丹蒂谢克认识， 当时丹蒂谢克是一个爱好文学的人文主义者， 还是一个很出色的诗人。 他当了海乌姆诺主教后， 哥白尼仍然同他保持着密切的联系。 出乎哥白尼意料的是， 以后一切完全变了。 过去， 哥白尼和历任主教相处得都很和睦。 他们也看重哥白尼的意见。 哥白尼的老朋友蒂德曼·吉斯担任海乌姆诺主教后， 移居到海乌姆诺去了， 哥白尼很伤心， 他成了真正孤独的人。 哥白尼从来也没有为争当主教做过努力， 他虽然也做过主教候选人， 那是由蒂德曼·吉斯提名的。 他知道自己没有任何中选希望， 所以他既不为争取主教职位而努力， 也不热心于神甫会中其他的重要职位。 在从事多年的紧张公务工作以后， 他只希望能把自己毕生奋斗的天文学事业进行到底。

扬·丹蒂谢克比哥白尼年轻 12 岁， 他曾经过着完全不像神职人员的生活。 17 岁时参加过反对土耳其人和鞑靼人的远征。 后来回到克拉科夫， 在国王身边工作。 当王宫里的工作使他感到厌倦的时候， 他就离开王宫到世界各地周游。 在意大利， 他获得古典文学家称号， 并成为杰出的诗人。 在外交方面， 他表现出色， 他性情活泼、 机敏、 善于交际。在以尽情享受生活乐趣为时髦的年代里， 他也不甘落后。 他在欧洲许多地方都有情妇， 他的诗歌里充满了色情， 赞颂的尽是美酒、 女人和爱情。

时代发生了变化， 过分享受轻松愉快的生活已经不时髦了， 神职人员的世俗化生活及其腐败受到路德学派的谴责。宗教改革运动席卷欧洲， 人民掀起了暴动。 这时候， 丹蒂谢克便摇身一变， 成为习惯势力的坚定维护者和道德学家。就连他过去的游乐伙伴也把他的这种突然转变看成一种绝妙的讽刺。

丹蒂谢克开始维护教会利益， 同路德学说进行斗争。 他严禁阅读路德主义书籍。 其实， 丹蒂谢克曾见过宗教改革领袖路德， 并以此为荣。 那是 1523 年， 他从西班牙经过德国， 途经威丁堡， 见到了路德。 后来他在写给彼得·米茨基的信中叙述了他和路德会见的情景：

……如果有谁在罗马没见过教皇，在威丁堡没见过路德，那简直可以说他什么也没有见过。正是出于这一考虑，我非常想见一见路德，同他谈谈话……要见到路德可不容易，我却没遇到特别困难……路德站起来，同我们握手，给我们让座。当时我们坐下来，同他整整交谈了 4 个小时。这个人给我的印象是：诙谐、学识渊博而且善谈，但在谈论反对教皇、皇帝和其他统治者时又表现出许多恶意、傲慢和狠毒。

路德在知识面前是那样如饥似渴，简直是在吃书，他的目光很敏锐，他说话生硬，充满了粗陋庸俗的挖苦话。

我们就这样和路德坐在一起，不光是谈话，还按照当地的习惯，在欢乐的气氛中一起喝了酒。每个人都感到路德是个好同事，或者像这里的人所说的，是一位好伙伴。

然而，几年以后，路德被开除出基督教会，于是丹蒂谢克也不再承认他和路德相识了。

1532 年 7 月，丹蒂谢克奉召回国。这时波兰国王准备让他去瓦尔米亚为生病的费贝尔主教当副主教，以便以后出任瓦尔米亚主教。当时，瓦尔米亚主教和神甫会则希望推选蒂德曼·吉斯担任副主教职务。哥白尼当然也支持自己的朋友当选。丹蒂谢克大概知道哥白尼当初支持的是蒂德曼·吉斯，于是便耿耿于怀。丹蒂谢克在海乌姆诺担任主教时，曾于 1533 年邀请哥白尼和费里克斯到卢巴瓦官邸去欢度复活节后的第一个礼拜日。他在邀请信中称颂哥白尼知识渊博，有很多优点，同时说他帮哥白尼在世界上扬了名。

哥白尼对这封邀请信持很大保留态度，而且很有礼貌地

婉言谢绝了邀请。 哥白尼在回信中写道：

> 我有您这样的庇护人，实在是说不出的高兴。至于阁下要求让我在本月 20 日到阁下那里去，有拜访阁下这样的朋友和庇护人的重要机会，我真是再高兴不过了。可惜不幸的是，这段时间刚好有些必须做的事情，我和费里克斯先生不能离开这里。为此，请阁下不要因我的缺席而见怪。

哥白尼给丹蒂谢克不止写过一封信，信中常常解释他没有出席有丹蒂谢克参加的隆重仪式。哥白尼在 1536 年 6 月 8 日的一封信中写道：

> 我收到了阁下的来信，信中充满了亲切的关怀，这使我想起青年时同阁下结下的亲密友谊。我看到，这种友谊之花一直开到现在。阁下把我看成最亲近的人，愿意邀请我参加阁下亲人的婚礼。我确实应如阁下希望的那样，找时间到我如此尊敬的先生和庇护人那里去一下。可是，我现在正忙于瓦尔米亚大人阁下交给我的事情，不能离开。为此，请不要因我缺席而怪罪我，请像以前一样相信我，尽管我不能前往。因为人们总是把思想接近看得高于身体接近。

哥白尼总是有礼貌地回答丹蒂谢克的每次来信，他不能使自己同主教发生冲突，甚至也不能有丝毫轻视主教的迹象，因为主教的背后站着波兰国王。哥白尼和丹蒂谢克的关系逐渐正常起来，丹蒂谢克也曾多次请哥白尼治过病。然而，丹蒂谢克刚刚当上瓦尔米亚主教，就和弗龙堡神甫会的神甫发生了不和。他开始清算那些以前妨碍特别是反对他当瓦尔米亚主教的人。

丹蒂谢克首先对亚历山大·斯库尔泰蒂开了火。丹蒂谢克在等待弗龙堡选举时就曾经怀疑斯库尔泰蒂在国王面前破坏了他的声誉，并希望蒂德曼·吉斯说服哥白尼，让哥白尼中断与斯库尔泰蒂的友谊。丹蒂谢克期望用这种办法来分化神甫会中一道工作多年的老朋友。丹蒂谢克还诬陷斯库尔泰蒂犯有各种罪恶，说他作为神职人员竟然生活放荡，甚至堕落成异教徒和无神论者。他决定把斯库尔泰蒂驱逐出弗龙堡，并要求瓦尔米亚所有神甫同斯库尔泰蒂断绝一切来往，甚至不许保持书信联系。而哥白尼却毅然宣布，他不这样做，因为他"尊重斯库尔泰蒂胜过许多其他人"。当哥白尼到已经任职的海乌姆诺主教蒂德曼·吉斯那里做客时，丹蒂谢克专门给蒂德曼写了一封信。信中说：

我听说学者尼古拉到你那里去了，你知道，我像亲兄弟一样爱他。可惜，他也是斯库尔泰蒂的挚友，这很不好，你要提醒他，这种关系和友谊只能是有害的。大概你也应该知道，那个斯库尔泰蒂娶了妻子，人家怀疑他是无神论者。

确实，像当时许多神职人员一样，斯库尔泰蒂有个女人。而丹蒂谢克自己也曾有过。丹蒂谢克却抓住这大做文章，最后，终于使教皇委员会认定斯库尔泰蒂为异教徒，剥夺了他的神甫职位，并判处他在教皇监狱中监禁四年。当斯库尔泰蒂处于危难之时，他的朋友们，尤其是哥白尼和蒂德曼·吉斯从来没有抛弃他。

2. 安娜引起的风波

哥白尼自己也因为安娜·希林，遭受了许多磨难。安娜·希林是哥白尼的女管家。哥白尼已经是一个老人，而安娜·希林虽然已经过了青春年华，但她的美貌仍然十分动人。她眉清目秀，举止文雅，说话温存，当时在弗龙堡神甫中的女管家、女用人和女厨子中，安娜·希林分明显得与众不同。她在哥白尼那里，不只是简单地管理一些家务，她对哥白尼的照顾，更是无微不至。每当天寒地冻的日子，她总在深更半夜的时候，烧上一杯香喷喷的咖啡，给站在平台上观测天象的哥白尼送去，让他喝了暖一暖身子，继续工作。每当暑气蒸人的盛夏，她总是劝哥白尼到海边去歇凉，有时她也陪他一起去，两人坐在浪花飞溅的岸边礁石上，欣赏千姿百态的碧波，让哥白尼看书看得疲累的眼睛得以休息。

　　安娜·希林不是一般的女管家，她和哥白尼关系确实不一般。安娜·希林出身于格但斯克一个高贵富有的家庭，她来给哥白尼当管家并不是出于物质利益的考虑。哥白尼经常在自己的书和草稿的空边上画一些常春藤叶，那是希林家族的徽号，从这里可以看出是真挚感情把他们结合在一起的。哥白尼由于没有被授予更高的教职，所以他也不受严格禁欲主义的束缚。哥白尼很早就认识安娜，早在他筹备货币改革时就与安娜的家庭有着密切来往。安娜的父亲马切伊·希林是文艺复兴时期杰出的设计和刻制币章图案的工匠，安娜的母亲是个博学多才的诗人。这一家人的原籍是法国的维桑堡，他们于15世纪来到波兰的克拉科夫。这个家族使用的徽章图案是一枝三叶常春藤，周围是圆环。哥白尼在自己的笔记本上画的正是这种图案。安娜的父亲后来转到了格但斯克，在那里担任造币厂的厂长。安娜的父母都是哥白尼的好朋友。安娜在她多才多艺的母亲的教导下，长成一个品行高洁、见识卓越的好姑娘，她对世俗的繁华生活非常厌恶。后来安娜的母亲去世，父亲带她去托伦旅行，正好哥白尼也回到故乡。 安娜十分敬慕哥白尼的人品和才学， 对哥白尼产生了深深的爱情。 但是， 按照教规， 神职人员是不准结婚的， 这使哥白尼非常苦恼。 哥白尼曾劝告过安娜， 她如果嫁给他， 就会受到教会的仇视和迫害， 不如打消这番情意为好。 但是安娜并没有畏缩， 她用轻松的口气说， 既然没有正式的婚书约束， 她就可以在她高兴的时候离开哥白尼， 一点不用哥白尼操心。 后来安娜的父亲又亲自来找哥白尼商量。 事实上， 那时有许多神职人员并不理会教会的戒律， 而且像哥白尼这样具有自由思想的人， 更是不愿受到教会的束缚， 他不应该让安娜失望。 但哥白尼似乎有一种预感， 觉得像他这样一个反对神学的人， 到头来会遭到教会的无情报复， 以后他将逃脱不了种种灾难。 安娜的事会成为教会进行迫害的借口， 这样安娜就会无辜受牵累， 而哥白尼自己又缺乏保护她的能力。 何况时局又很乱， 瓦尔米亚教区战火连天， 这更增加了哥白尼的顾虑。 最后他让安娜回到家去， 重新考虑一下， 这样做比较妥当， 而且考虑的时间要长一些， 至少半年。 当时哥白尼独自回到弗龙堡。 安娜经过思考， 最后还是毅然来到哥白尼身边， 她以女管家的名义照顾哥白尼， 帮助料理家务。 当丹蒂谢克搬到利兹巴克担任主教的时候， 安娜已经在哥白尼家里待了 5 年。 由于丹蒂谢克非常仇视哥白尼同斯库尔泰蒂的交往， 三番五次要求哥白尼同斯库尔泰蒂绝交， 哥白尼却一直把主教的话当成耳旁风， 丹蒂谢克便恼羞成怒，开始报复。他先从安娜身上下手，逼迫哥白尼把安娜赶出家门，并通过自己的仆人对哥白尼加以监视，看哥白尼是不是和安娜再幽会。

丹蒂谢克把赶走安娜的事，说成是"拯救哥白尼的灵魂"，充分表现出他的圆滑。丹蒂谢克不仅亲自提醒过哥白尼，还动员哥白尼的朋友，海乌姆诺主教蒂德曼·吉斯和费里克斯·赖希神甫做哥白尼的动员工作。费里克斯·赖希不想做这种动员工作，便巧妙地回答了丹蒂谢克。他表示非常理解主教要拯救哥白尼灵魂的愿望，赞成主教的立场，但是他又说，如果把这事直接说给哥白尼的话，像哥白尼那样德高望重的人，可能会羞得自焚，这岂不是反而害死了哥白尼？

丹蒂谢克在写给海乌姆诺主教蒂德曼·吉斯的信中说："……听说杰出的、学识异常渊博的尼古拉·哥白尼博士先生到了阁下那里，我确实像亲兄弟一样爱他。直到现在，他一直享有很高声誉，驰名世界，他的多才多艺令人钦敬，普遍受到赞扬。但在那几乎是无能为力的老年时期，正如人们所说，他同自己的情妇幽会。阁下如果能用最友善的语言私下提醒他一下，使他停止这种丑事，那可真是阁下的一大善行。如果阁下能使他做到这一点，就算替我做了一件无与伦比的大好事。这样我们俩就重新夺回了如此珍贵的兄弟。阁下在同他谈这件事的时候千万注意分寸，以便使他更加重视。 但同时不使他知道这是我对他的劝告， 让他相信， 这是阁下对他的关心……"

蒂德曼·吉斯向哥白尼讲述了丹蒂谢克这封信的内容。哥白尼看了信， 气得铁青着脸， 半天没有作声。 他真想把丹蒂谢克的信撕个粉碎， 甚至一时产生了还俗的想法。 哥白尼的好朋友蒂德曼·吉斯心肠很软， 他并不赞成丹蒂谢克爱管闲事的这种做法。 但他看到哥白尼又生气又痛苦， 如果不按主教的旨意去办， 说不定会导致主教更大的报复。 为了安娜以后不受到更大的伤害， 哥白尼最后只好同意让安娜离开自己。

哥白尼在执行丹蒂谢克旨意的时候， 忍受了巨大的离别之苦。 但他给上司的回答是恭顺的， 字里行间充满了伤感。哥白尼在回信中这样写道：

我和大家都尊敬的至圣之父和最仁慈的先生：

我把阁下的告诫看成父亲般的，甚至超过父亲般的劝导，我在内心深处接受这些告诫。我起码是没有忘记阁下笼统提示的第一个问题，我很想照阁下希望的那样去做，但是想要立刻找到有亲缘关系而且正直的女管家是不容易的，所以最迟准备在复活节前解决这个问题。现在，为了不使阁下以为我在有意拖延，我把时间限定为一个月，即在圣诞节之前解决。阁下大概也知道，不可能再快了……

就在哥白尼写这封信的同一天，也就是 1538 年 12 月 2 日，哥白尼的朋友费里克斯·赖希也给丹蒂谢克回了一封信，信中写道："……至于谈到尊敬的尼古拉·哥白尼先生，我赞赏阁下令人钦佩的愿望和那父亲般的提示，我希望这种告诫能触动他的心扉，这样就无须我再提示了。我担心如果他发觉我知道这件事，他会感到羞愧。阁下谈生意问题的信，我本来是可以读给他听的，如果不是中间穿插了一些话，尤其我们谈的这件事……"

从这封信中可以看出费里克斯·赖希对好朋友哥白尼的爱护，他仍然没有按照丹蒂谢克的要求，去做哥白尼的动员工作。

在如此尖锐地告诫哥白尼要赶安娜的同时，丹蒂谢克却把自己的女儿嫁了人。

就这样，哥白尼和安娜分了手。但事情并没有从此结束，因为安娜有时候还回来和哥白尼幽会。但是，哥白尼的身边布满密探，特别是瓦尔米亚神甫会大教堂的教长，非常仇恨哥白尼，他时刻监视着哥白尼的一举一动，并随时向丹蒂谢克报告。

安娜离开哥白尼后，丹蒂谢克又故意显得和哥白尼很亲近似的抚慰哥白尼，并请哥白尼讲一些他舅舅，原瓦尔米亚主教乌卡什·瓦兹洛德的一些情况。哥白尼在给丹蒂谢克回信时顺便提到了他遵照指示处理安娜问题的情况。 他在信中写道：

> 我已经执行了我无权也不敢轻视的任务，接受了阁下的告诫。至于阁下想了解的事情，即阁下的前任，我的舅舅乌卡什·瓦兹洛德活得很久的问题，他活了64岁又5个月。担任主教23年在1512年3月的倒数第二天去世。他的家族也由此绝迹。这个家族的族徽至今还能在托伦一些最古老的建筑物上和许多工厂里见到。

蒂德曼·吉斯也曾劝说丹蒂谢克， 让他相信关于安娜和哥白尼关系的传闻是被夸大了的。 蒂德曼说："遵照阁下的愿望， 我同尼古拉·哥白尼博士先生进行了严肃的谈话， 并跟他把话说明了。 他对那些不怀好意的人又指责他进行幽会感到相当惊讶。 再说他当时是毫不迟疑地执行了阁下的指示。他拒绝有关那个人被解雇后又同她见面的指责， 只有一次例外， 那是在克鲁莱维茨的市场上， 她情不自禁地同他说了话。 总之， 我相信他并不像许多人想象的那样痴情。 年事已高再加上不间断的学习以及他正直的品德， 是他在这方面的保证。 尽管如此， 我还是提醒他避免任何有罪过嫌疑的举动。 我想他会注意的。 另一方面， 我建议阁下不要过分相信告发者……"

　　丹蒂谢克作为瓦尔米亚的主教，不仅不能容忍哥白尼和安娜关系的存在，而且连以后再见面也不允许。甚至在哥白尼去世以后，也不允许弗龙堡神甫会的神甫同安娜有任何联系。丹蒂谢克在处理这件事时，对哥白尼表面上还是比较温和的，但给哥白尼带来的苦恼却是巨大的。

　　就在哥白尼感到最苦闷的时候，突然在他的生活中出现一个人。那是 1539 年 5 月的一个傍晚，那个人披着布满风尘的斗篷，提着沉重的书包，脚步蹒跚、倦容满面地来到哥白尼的塔楼边。他把哥白尼的那座塔楼上上下下打量了一番，明白自己在长途跋涉之后，终于到达了预定的目的地，脸上便情不自禁地露出笑容，并且动手按响了门铃。

　　原来这个人是来自德国威丁堡大学的一个年轻教授，名叫耶日·约阿希姆·冯·劳享，又名雷蒂克。他对哥白尼的天才发现非常感兴趣，便经过 40 多天的长途跋涉，慕名来到弗龙堡。雷蒂克在哥白尼的晚年成了哥白尼最忠实的学生和朋友。他丝毫也不在意有关老师的传言和老师周围的气氛，再说他作为一个新教徒对这类事也根本不理睬。此后，在帮助哥白尼传播他的天才学说方面，雷蒂克起到了至关重要的作用。

十四

　　经过几十年的研究，倾注了毕生的精力，哥白尼划时代的巨著《天体运行论》终于完成了。它标志着天文学史上的一次伟大革命，从此使自然科学从愚昧的神学中解放出来。

1. 错误观点的批判者

　　哥白尼是一个忠于国家、对经济有着突出贡献的行政管理者，他的忠诚即使在最艰难的时期也从来没有动摇过。作为一个爱国主义者和多才多艺的人文主义者，他的名字将会永远留在波兰民族的历史上。然而，使哥白尼赢得世界性荣誉的，还是他在天文学方面的成就。他在天文学方面的主要成就是他在积极从事公务活动的同时取得的。从20多岁，即在意大利留学时他就构筑了他的天文学说的轮廓；30多岁，他写出了关于他的太阳中心说的提纲《浅说》。从此以后，便开始着手撰写他的具有划时代意义的著作《运行》这部巨著，他断断续续地写了 18 年，随后又进行了长期反复的修改完善。直到晚年他才准备出版。这部巨著凝聚了他毕生的精力和心血。

《浅说》传播开来以后，当时的天文学家和哥白尼的朋友们得知哥白尼提出了一个完全崭新的天文学理论，这个理论和当时的天文学基础理论是彻底相悖的。哥白尼把科学和神秘的巫术区分开来，对占星术士们预卜凶吉的把戏给予嘲弄和否定，这就使他遭到那些靠占星术赚钱的人的仇视。又由于他所阐述的地球位置和运动原则是同圣经背道而驰的，因此他又遭到教会的谴责。更多的人则是由于知识的局限对哥白尼的理论不理解。还有一些人，在内心里承认哥白尼的理论是有道理的，但不敢违背以教会权威和以《圣经》论述为支柱的公开理论来承认哥白尼的研究成果，所以只保持沉默。当时哥白尼居住在偏远的弗龙堡，这里远离科学中心，但他还是可以通过各种途径了解当时发生的科学事件。许多朋友从克拉科夫甚至国外向哥白尼报告重要的科学发明和新鲜的科学观点，还有不少学者请他对与天文学有关的各种问题发表意见。

哥白尼青年时代有一个好朋友叫伯纳德·瓦波夫斯基，他住在克拉科夫，是波兰国王的秘书。他在大学学的是法律，可对天文学有着浓厚的兴趣，并和哥白尼经常保持着联系。1524 年春天，瓦波夫斯基把扬·维尔纳的一本名叫《论第八天体的运动》的著作寄给哥白尼，请哥白尼对这本书发表一下自己的意见。这本书在天文学界已经流传很广，并且得到了人们的肯定。扬·维尔纳曾经是弗龙堡的神甫，和哥白尼一起共过事，后来去了纽伦堡，在纽伦堡成了比较知名的天文学家。哥白尼看了这部著作，给予的评价和当时人们普遍的评价截然不同。这样反而使人们产生了很大的兴趣，使哥白尼的名字在欧洲广为传扬。哥白尼从这部著作中发现了扬·维尔纳的很多错误，哥白尼认为维尔纳的观点只能在天文学家中造成混乱。于是在1524年6月3日，哥白尼给瓦波夫斯基写了一封信，信中写了自己的看法。这实际上是一篇关于维尔纳著作的激烈的辩论文章。信上详细列举了维尔纳的所有失误。写给瓦波夫斯基的这封信是哥白尼驳论文章的一个杰出范例，同时也显示出哥白尼具有出色的文学天赋。这封信的主要内容是这样写的：

尊敬的克拉科夫教堂歌手和神甫，波兰国王陛下的秘书伯纳德·瓦波夫斯基先生，尊敬的阁下：

不久前，你——我最好的伯纳德把扬·维尔纳在纽伦堡出版的《论第八天体的运动》一书寄给我，说许多人赞扬这本书，你请我谈谈自己对这本书的看法。如果我能赞赏地和真诚地推崇它，那我大概很乐意这样做。此外，我还会称颂作者的热情和所付出的努力。亚里士多德告诉人们，哲学家不仅应该感激那些说得对的人，也要感谢那些说得不对的人，因为已经得到证实的错误往往能给那些想沿着正确道路前进的人带来很多好处。再说批评的好处并不多，也没有多大作用，因为厚颜无耻之徒的天生特点是喜欢讽刺挖苦，而不是创造。由此我感到担心，会不会有人指责我只知责备别人，而自己却什么更好的东西也拿不出来。想到这儿，我本想把这个东西原封不动地留给别人，让其他人去努力解决，但为了使你了解我的意见，尊敬的阁下，我愿给你一个笼统的回答。因为我发现，谩骂和指责是一回事，而改正和使人摆脱歧途则是另一回事。同样，赞扬是一回事，而吹吹拍拍和阿谀奉承则是另一回事。我没有理由不满足你的愿望，也不能拒绝在你提出的这些问题上花费工夫和付出努力。为了不使人们说我对这个人批评得过分大胆，我尽可能清楚地说明，关于恒星运动他在哪些地方搞错了，他的论证的缺陷是什么，这对更准确地理解这方面的原则会有不少帮助。

首先，他把时间弄错了。他认为安东尼·庇护·奥古斯都二年克劳迪·托勒密把自己观察到的恒星写进星球目录时，是基督诞生后的150年；而实际上是139年……如果有谁怀疑，不想就此罢休，想纠正这一点的话，那他应该记住，时间是数字，是对天空旋转的度量……而度量则是靠相互依赖性加以测定的，因为度量是相对的。既然托勒密的图表是根据他不久前的发现制定的，那就不可能设想，这个图表会同他当时的发现有什么偏差，或者同他的思想有什么差距，否则就不符合他所依据的那些原则了。另外一个不小于前一个的错误表现在他的指导思想上……说托勒密之前 400 年恒星位置的变化仅仅是由于均匀运动造成的。为了更清楚地说明这一点……我以为必须注意到，我们有些认识是同自然不相符合的，我们关于星球的认识就属此类，同实际情况刚好相反……关于第八天体的运动问题也是这样，由于它的运动过于缓慢，古代天文学家未能向我们正确揭示它的运动规律。然而，想研究各种运动的人应该沿着古代天文学家的足迹，依据他们留给我们的那些发现继续进行考察。如果有谁不这样想，认为相信他们是不可思议的，那么这门科学的大门就会真的对他们紧紧关闭；在门前休息的时候，他便会病态地梦想出第八天体的运动情景来——于是就有了功劳，想通过贬低古代人来为自己的幻觉帮忙。众所周知，古人异常勤奋地、顺利和周密地观察了这一切，并且给我们留下了很多杰出的和令人叹为观止的发现。所以我们无论如何不能相信，像这位作者所估计的那样，古人在标示星球位置时会弄错四成、五成乃至六成，关于这一点我们以后还要详谈。

哥白尼非常尊重古典科学成果， 并且善于利用古典科学成果。 因此， 他对维尔纳在《论第八天体的运动》 中低估和轻视古希腊学者成就的观点表示了自己的不满。 古代希腊学者的发现随着时间的推移， 早已被人们所遗忘。 由于哥白尼广泛阅读借鉴了古代学者的著作， 才使他有了自己的发现。 正是由于维尔纳对人类早期学者的轻视态度， 直接伤害了哥白尼， 所以才使哥白尼这样尖锐地同纽伦堡的这个天文学家展开了辩论。 哥白尼在辩论信中还写道：

现在我们来看一看，实际情况是否像作者所说，托勒密以前的 400 年恒星位置的变化仅仅是均匀运动造成的。他提出这一论点，依据的是恒星在同等时间作单一的均匀移动，也就是说直到阿里斯塔克和蒂莫哈雷斯时期，甚至到托勒密时期。每一个世纪移动一度……不管怎么说，他作为如此高明的数学家却没有发现下述情况无论如何是不可能的：在接近均衡点时……星球运动会比在其他任何地方显得更均匀，因为恰恰相反……那时星球的位置变化最大……于是他认为，这个计算结果有时少了，有时又多了同样的一个数量……这就好像说从雅典到泰贝的距离同泰贝到雅典的距离不一样。算到两个不同位置时，要么加上，要么减掉一个数……这样一来，两种情况的结果就都一样了……于是他便把自己的错处归咎于蒂莫哈雷斯，而托勒密则勉强幸免。然而，如果他认为那些人的发现是不

能相信的，那么还剩下了什么呢？难道连他自己的发现也
不相信吗？……至于我自己如何看待恒星天体的运动，我
感到现在不是过多谈论这个问题的时候。以后再找机会谈
这个问题吧……

这封信寄给瓦波夫斯基后，首先在克拉科夫学术界传播
并引起轰动，随后又在欧洲广泛流传，甚至在哥白尼去世后
仍在流传。

当时，瓦波夫斯基接到哥白尼的这封信后，觉得哥白尼
的意见很有意思，但光靠通信很难充分地交换意见，他便决
定亲自从克拉科夫去弗龙堡。经过半个多月的长途跋涉，在
1535 年的秋天，瓦波夫斯基来到了弗龙堡。这是两个老同学
分别几十年后的第一次见面。瓦波夫斯基很有兴趣地了解了
哥白尼的工作。这时候，哥白尼的主要著作《天体运行论》
刚刚完成。但是，为了瓦波夫斯基编写各种天文资料和编制
天文历法的需要，哥白尼仍然继续进行天文观测。瓦波夫斯
基曾经劝说哥白尼出版他的天文历法。后来，瓦波夫斯基回
克拉科夫时，带走了哥白尼写的一部分手稿，准备把它交给
奥地利的外交官格蒙特·冯·赫伯斯泰恩，让他把哥白尼的
手稿作为天文历法的一部分在维也纳发表。1535 年 10 月 15
日，瓦波夫斯基在寄给赫伯斯泰恩的信中写道：

　　尊贵的先生，不多几天前，我曾交给阁下一封信……信上我写了一些古老波兰的趣闻。现在我寄给你一件新的、学者们很早以来所期待的东西：根据最真实和最准确的行星运动编制的历书。这本历书是根据瓦尔米亚神甫，尊敬的尼古拉·哥白尼先生绘制的图表计算和编写的，同普通历书差别很大。你会从中发现，水星差了半度，而行星的相对位置同旧历书相比也前后差了好几个星期。尼古拉先生是一位伟大的数学家。他说，为了验证行星的运动，必须赋予地球以某种运动；许多年以来他一直这样认为，并且保证说地球在不知不觉地运动。由于我离开得过早，没有把所有各方面的情况都搞清楚。然而，无论任何人，哪怕只是受过普通教育的人也能理解，所以我希望这个东西能得到传播，尤其是要让那些正在德国编撰历法的天文学家知道，以便他们能够编撰一部更精确的历书，并承认自己和自己绘制的图表中的错误。我还希望您把这本复写的历书寄给他们，或者在维也纳出版，以便使欧洲的天文学家们认识到自己的错误，并更加认真地研究行星的运动。否则，由于不了解行星的真正运动和其他各方面的真实情况，就既不可能正确认识天气的变化，也不可能正确预报一年的情况。我希望阁下把它交付印刷，然后告诉我一声，因为我、尼古拉·哥白尼先生和其他许多人都在为大家的共同利益期待着……

从这封信中可以看出瓦波夫斯基对哥白尼研究成果的高度
评价和珍视， 以及希望能出版的殷切期望。 可遗憾的是，
瓦波夫斯基不久就去世了， 没有人再过问这件事， 哥白尼的
手稿后来竟丢失了。 哥白尼自己也没有为发表这部作品做过
任何努力， 虽然沿海地区也有几家印刷厂， 并不是不能出版
印刷。

2. 划时代巨著完成的前后

哥白尼晚年， 摆脱了缠身的公务活动， 使他能有较多的
时间进行天文学观测和研究。 弗龙堡虽然偏僻， 但他仍能同
外部世界保持着一定的联系。 当然， 关系最密切的朋友还是
蒂德曼·吉斯。 多年来， 在公务之余， 他几乎每天都和蒂
德曼真诚地交流研究， 两人思想非常接近， 无话不谈。 甚
至后来蒂德曼担任了海乌姆诺主教后， 他们也经常来往联
系， 有时哥白尼干脆到蒂德曼那里， 一住就是很长时间。
蒂德曼关心哥白尼的著作， 把出版哥白尼的著作当成自己的
事情， 甚至在哥白尼去世以后， 他仍然致力于朋友著作的出
版工作， 直到生命的最后一息。

蒂德曼·吉斯也把哥白尼当成自己唯一最知心的朋友，
对哥白尼也是无话不谈。 特别是在丹蒂谢克主教处理哥白尼

和安娜的事时，蒂德曼非常理解哥白尼。蒂德曼是一位性情非常温和又非常有才华的人文主义者，他希望理智和智慧能够战胜教条。蒂德曼写了一部著作，题目是《论基督王国》。在这部作品中，他希望天主教徒和路德派信徒能够和解。他提出一个和解的办法，希望争斗的双方克服派性，达到统一。他还和路德派的主要成员菲利普·梅兰希顿和埃拉斯姆通过书信经常进行友好交流。他在写给埃拉斯姆的信中，曾请对方对哥白尼的作品发表意见。哥白尼对蒂德曼的帮助也不小。当蒂德曼撰写自己的论文时，哥白尼毫无保留地发表自己的意见，不止一次地帮他想办法出主意。当反宗教改革运动不断高涨的时候，哥白尼的学说也面临着遭受谴责的危险，蒂德曼为了保护哥白尼，还专门准备了一篇维护哥白尼天才发现的论文。在蒂德曼去世以后，波兰反宗教改革运动的领袖斯坦尼斯瓦夫·霍兹尤什把蒂德曼的论文指责为"异端邪说"。

在意大利的高级教会中，也有哥白尼的朋友，他们也传播了哥白尼的理论和观点，想通过这种办法为哥白尼公布自己的学说铺平道路，从而使当时的天文学实现革命。由于哥白尼这些朋友的努力，方济各会的红衣主教尼古拉·申伯格对哥白尼的著作也产生了极大的兴趣，以至于在 1536 年 11 月 1 日他直接给哥白尼写了一封信，说了他想了解哥白尼的学说。他在信中这样写道：

　　方济各会红衣主教尼古拉·申伯格向尼古拉·哥白尼问好。几年前我就听说了你的名字，关于你的天才整个舆论的看法是一致的。当时我对你产生了较大的好感，并向以你为主的人们表示祝贺，你像一朵鲜花一样在我们中间绽开。因为我知道，你不仅深谙古代数学家的发现，而且建立了一个新的宇宙理论。在这个新理论中你教导人们：大地在动；太阳是宇宙的根本，所以占有中心位置，八重天是不动的和永恒的；月亮连同它所在天层的各种因素位于火星和金星天层之间，每年绕太阳旋转一周。你还编撰了关于这一天文体系的《浅说》，并为所有被弄错了的星球运动重新编写了图表，这使所有人赞叹不已。为此，学识渊博的大师，如果你不觉得我讨厌的话，我请求你，强烈地祈求你，把你的这个发现分享给科学爱好者们，并尽快地把你有关天体的研究材料连同图表及其他有关材料邮寄给我。我已经派莱登的特奥多里克去你那里，由我出钱请他把你的材料抄寄给我。但愿你能满足我的请求，你知道我是崇拜你的人，并渴望为像你这样伟大的天才说句公道话，祝你健康。

　　这位红衣主教尼古拉·申伯格在信里所说的莱登的特奥多里克不是别人， 正是哥白尼在瓦尔米亚神甫会的同事， 这时候他正担任神甫会驻罗马教廷的代表，住在罗马。对哥白尼来说，红衣主教的信是对哥白尼所从事工作和发现的肯定和赞扬，这将给哥白尼很大的安慰，同时也使哥白尼感到担心，担心他的发现会遭到教会当局的敌视。但总起来说这是令哥白尼高兴的事。遗憾的是哥白尼的高兴没有持续多长时间，因为这个开明的红衣主教在第二年就去世了，这位红衣主教本来是可能成为哥白尼学说的庇护人和捍卫者的。

哥白尼的巨著完成初稿以后，由于只有极少数人才能理解它的划时代意义，所以一直都是放在他的住房里。哥白尼并不急于出版这部著作，因为这部著作将会危及正统的教会理论。在教会看来，太阳中心说是宣传没有上帝的学说，那么，哥白尼的著作就可能被指控为散布异端邪说，进而受到教会法庭的审判。然而他更担心的是自己的发现不被人理解。当时除了个别好友对他的学说给予赞扬，已经有些试探性的信号表明，这种学说不仅会受到天主教会的严厉谴责，也会受到路德教主要人士的严厉谴责，马丁·路德本人听说了哥白尼的学说以后，就曾骂哥白尼为蠢人。

《运行》完成以后，哥白尼并没有停止研究工作，仍然不断地利用各种天文仪器观察测量，这些观测进一步证实了他的计算结果和得出的结论。

哥白尼开始把自己的著作写成了8卷，最后出版时又改为6卷。他的手稿里充满了各种难以辨认的符号，只有熟悉其中奥秘的数学家和天文学家才能看懂。 后来在他的忠实学生雷蒂克的建议下， 他才用通俗易懂的文字修改了最后要出版的文本。 哥白尼把他在 1542 年写给教皇保罗三世的一封信作为这本书的序言。 在这封信中， 哥白尼说明了自己理论的实质和产生的条件。 因为哥白尼预见到自己的理论将要引起科学革命， 所以他希望能得到教皇的庇护， 避免自己的学说被指责为异端邪说。 教皇保罗三世曾经是著名的人文主义者和科学文化的庇护人。 哥白尼在信中称保罗三世为数学家（ 当时的天文学家也被列为数学家的行列 ）。 这位教皇曾对占星术特别感兴趣， 当时有许多占星家围在他身边， 没有占星家的预言他不作任何重要决定。 在保罗三世周围也有少数哥白尼的拥护者， 他们也曾竭力说服教皇相信哥白尼的学说。 当时哥白尼想在他的著作的序言里把最重要的观点说清楚， 他是这样写的：

> 最神圣的父，我知道，某些人听到我在《运行》一书中提出了地球运动的观念之后，就会大叫大嚷，谴责我和这种思想。我对自己的著作还没有偏爱到这种程度，以至于可以不顾别人的看法……
>
> 我深深地意识到，由于人们因袭了许多世纪以来的传统观念，对于地球居于宇宙中心静止不动的见解深信不疑，所以我把运动归于地球的想法肯定会被他们看成是荒

唐的举动。因此，我踌躇了很长时间，不能决定到底是公开出版我这本证明地球运动的书呢，还是遵循古代毕达哥拉斯等人的惯例，把自己学说的奥秘只口授给自己的亲友，而不见诸文字呢？我想，他们倒不是像有些人认为的那样，怕自己的学说被人分享，而是担心费尽千辛万苦才获得的宝贵研究成果会遭到轻视。因为有这样一些庸人，除非是有利可图，从不关心任何科学研究；或者虽然被人鼓励和依照先例而去作哲学的探求，但头脑又很笨拙，就像蜜蜂中的雄蜂一样，懒惰而又愚蠢。而我的理论又很新奇并且难以理解，于是，担心遭到轻视的思想几乎使我放弃了自己的打算。

接着，哥白尼向教皇说明，促使他发表自己的著作的，是他的好朋友——方济各会红衣主教尼古拉·申伯格和海乌姆诺主教蒂德曼·吉斯。哥白尼称蒂德曼·吉斯为杰出的学者。然后又在信中接着写他寻求新的宇宙构造理论的动机。

……使我另寻方法计算天体运行的，正是数学家们在这方面研究中的矛盾。

首先，数学家在日月运动方面的研究就是不可信的。他们甚至不能观察或计算出回归年的准确长度。其次，他们无论是测定这两个，还是其余五大行星运动时，跟他们研究视运动和运转时用的都不是同一种原理和假说。

……他们也没有发现或推断出最重要的东西，及宇宙的构造及其各部分的固定秩序，在他们的探索中，也就是所谓的方法中，不是忽略了一些必不可少的细节，就是塞进了毫不相干的东西。要是他们坚决遵循某些原则，那肯定不至如此。因为，如果他们所采用的假定不错，由之而得出的结果也就可以得到验证。

……我不辞辛苦地重谈了我所能得到的哲学著作，旨在调查一下，看看他们中是否有人就天体运动讲过不同于数学讲师思想的意见。

确实是这样， 哥白尼在古希腊历史学家和哲学家普鲁塔赫的著作中， 还有古罗马政治家和哲学家西塞罗的著作中，都看到过他们曾指出地球运动的可能性。 于是哥白尼又接着写下去：

这就启发了我也开始考虑地球的运动。虽然这种看法似乎很荒唐，但前人既能随意想象圆周运动来解释星空现象，那么我更可以尝试一下，是否假定地球有某种运动能比假定天球旋转得到更好的解释。

于是，从地球运动的假定出发，经过长期的、反复的观测，我终于发现：如果其他行星的运动同地球运动联系起来考虑，并按每一行星的轨道比例来做计算，那么，不仅会得出各种观测现象，而且一切星体轨道天球之大小与顺序以及天穹本身，就全部有机地联系在一起了，以至不能变动任何一部分而不在众星和宇宙中引起混乱。

为此，我为本书确定的顺序是：第一卷叙述地球的运动，各行星轨道的位置以及宇宙的总体结构；其余各卷叙述其他行星运动与地球运动的关系，把其他星体运动都和地球运动联系起来，从而说明其他行星和天球的运动和现象。

我毫不怀疑，有真才实学的数学家，只要他们按照科学的态度，深入地而不是肤浅地了解和鉴定我立论的依据，就会同意我的看法。

哥白尼知道自己的观点和研究结果会受到尖锐的批评，于是他强调指出， 他的发现可能对拟议中的历法改革有好处：

可能会有对数学一窍不通的无聊的空谈家摘引《圣经》的章句加以曲解，以此对我的著作进行非难和攻击。

对这种意见，我决不予以理睬，我鄙视它们。

……如果有人嘲笑我，那科学界的人们是不该感到惊奇的。

　　数学方面的内容是为数学家而写的，如果我没弄错，那他们将会发现，我的辛勤劳动是会有某些益处的……不久之前，在利奥十世治理下，改良教会历书的问题在宗教会议上发生了争论。会议没有做出决定的唯一原因是年月的长度和日月的运动尚不能准确测定。从那时起，在当时主持编历书事务的杰出的森普罗尼亚地区主教、尊敬的保罗大公鼓励之下，我开始从事更精确的观测；我把从中得出的结果交给陛下和其他所有有学识的数学家加以鉴定。

　　实际上，历法改革是在哥白尼去世 40 年之后才进行的。但哥白尼的发现对这次改革是非常有益的。

3.《运行》

　　哥白尼的巨著《运行》的原始手稿已经丢失。现在能够看到的只是刊印出来的东西。出版时为了便于更多人了解，特意改为《天体运行论》。这本书的第一卷是基本部分，共分 14 章。在这一卷里，哥白尼用通俗的语言介绍了自己天文学理论的概貌，即使不懂天文学和数学的人也能够理解。在正式论述之前，还有一段序言，阐述了天文学在各种科学之中的地位及其实际应用。哥白尼写道：

在引起我们兴趣，作为人类精神食粮的为数众多的和五花八门的科学与艺术之中，我认为，应该首先献身并以最大热情从事那些包含在最美好和最值得了解的事物中的科学与艺术。研究宇宙中的旋转运动和星球运动、星球规模及其相互距离、它们的升起和降落，以及宇宙中所有其他现象形成的原因，并最终阐明整个宇宙之构成的科学，就属于这类科学。有什么东西能比天空更美好呢？要知道天空囊括了一切美好的东西……所以，毫不奇怪，这门相匹配的科学，依据的几乎是全部数学知识，算术、几何、光学、大地测量学、机械学和其他可能有的数学分支，所有这一切构成了这门科学……与其说它是人的科学，不如说它是上帝的科学。这门科学深入最高贵事物之中，但也不乏艰难险阻，尤其是从事这门科学研究的大多数人对希腊语称之为假设的基本思想众说纷纭、莫衷一是，于是便各自依据不同的原理从事研究。

这些话，体现了哥白尼对天文学的无限热爱。对哥白尼来说，从事天文学研究，不仅是纯粹的精神享受，而且是他巨大热情和感情的寄托。

第一章的题目是《论宇宙之为球形》。哥白尼把对一个著名论断的引述作为这一章的开端：

首先，我们应当指出，宇宙是球形的，这是否因为这种形状是万物中最完美的形状，它无须进行任何黏合，就形成完整的整体，既不能添加什么，也不能减少什么……

在第二章《大地和水是怎样构成统一的球》里，哥白尼对传统流传的地球上的水的容积比大地的体积大的论点进行了批驳。他论证指出：

同表面现象相反，正是环绕大地的水形成海洋并充满地球低洼的地方。由此可见，水的容积应该小于大地的体积，否则大地就会被水淹没，因为本身的重量，两者都要趋于同一中心。这使部分大陆露出水面，使生物得以生存，并到处都有一些岛屿。大陆是什么呢？不就是一个更大的岛屿吗……

哥白尼在这一章里还得出一个结论，即大地不是平面，也不是鼓形，而是完美的圆。

第四章的题目是《论天球均匀永恒之圆运动或复合圆运动》，这一章很发人深思，为揭示地球旋转运动的自然性和必然性做了充分准备。

现在，我们应当指出，天体的运动乃是圆周运动。这是因为这种旋转运动对于球来说是固有的性质，它反映了球形的特点。球这种形状的特点是简单，没有起点，也没有终点，旋转时不能将各部分区别。而且球体形状也正是旋转作用本身造成的。可是由于天体之多，运动也是各种各样的。但各种运动之中最明显的就是周日旋转，希腊人称之为"日夜"，也就是昼夜交替。

在这一章里，哥白尼用无可辩驳的论据，逐步证明把地球看作宇宙中心是错误的。

第五章的题目是《地球是否作圆周运动与地球的位置》。哥白尼在这一章里写道：

> 如果假定不是天穹在运动，而是地球从西向东转，那么所有严肃思考问题的人就会发现，我们的结论是正确的……

> 接受这一事实，就提出了另外一个疑问，这就是地球的位置问题。几乎所有的人都相信，地球是宇宙的中心。现在我们假定，地球并不正好在中心，而是离宇宙中心有一段距离。这段距离同恒星天球相比非常小，同太阳和其他行星的轨道相比却差不多。这样，我们就把行星、太阳不均匀运动的原因归结为是它们绕别的中心，而不是地球所均匀运动的结果。从而就可以找到这种不均匀运动的合理的原因。此外，因为行星与地球之间的距离有变化，说

明可能是行星在相对于地球运动，也可能是地球在相对于行星作运动。所以地球肯定不是行星轨道的中心。

就这样，哥白尼逐渐把读者引到了自己的理论中去，同时指出了当时普遍流行的"地球是宇宙中心"的观点是错误的。

为了说明地球在运动，哥白尼还写道：

> ……宇宙是否有限问题，让我们留给自然哲学家去讨论吧。我们认定大地有限并为球形就够了。那么我们为什么还犹豫，不承认天穹的周日旋转只是一种视运动；实际上是地球运动的反映呢？正如维尔吉尔的史诗中艾尼斯的名言："我们离港向前航行，陆地和城市后退了。"

第九章的题目是《关于地球是否还有一种运动和宇宙中心问题》。在这一章里，哥白尼提出了一个非常重要的问题。他勇敢地指出：根据观测，地球并不是所有行星旋转的中心，而宇宙中心也不处于地球的重心。他说：

> 我们已经说明，地球不动的看法是没有道理的。所以，我们现在应当考虑，地球是否不只有一种运动，以至可以看成一颗行星。

　　　行星视运动的不均匀性和行星到地球距离有变化的事实，证明了地球并不是所有行星旋转的中心。这是因为，如果行星在以地球为中心的同心圆上旋转，上述事实就没有办法解释了。于是，各行星的旋转不是只有一个中心。这样我们就可以讨论地球重心是不是宇宙中心的问题了。

　　第十章的题目是《天体的顺序》。哥白尼在这一章里提出的论断，导致了当时世界观的革命。让我们不可思议的是，在当时的条件下，哥白尼竟那么精确地计算出了太阳的直径以及围绕太阳旋转的行星直径的比例，确定了各天体对太阳的顺序和它们围绕太阳运转一周的时间。土星围绕太阳运转一周的实际时间是29年零167天，而哥白尼计算的是30年。木星运转一周的实际时间是11年零315天，而哥白尼计算的是12年。火星运转一周的实际时间是1年零322天，而哥白尼计算的是2年。地球运转一周是一年，哥白尼也说是一年。金星运转一周的实际时间是225天，哥白尼计算的是270天。水星围绕太阳运转的实际时间是88天，而哥白尼计算的是80天。哥白尼的计算虽然比实际时间有些误差，但实际的计算结果是依靠精确的现代化仪器测得的，而哥白尼使用的却是一些非常简陋的器具。

　　接着，哥白尼用非常美妙的语言写下一段简直像散文诗一样的文字。这在非人文学科的科学论文中是非常罕见的。

哥白尼写道：

> ……中央就是太阳，在这华美的殿堂里，为了能同时照亮一切，我们还能把这个发光体放到更好的位置上吗？太阳堪称宇宙之灯，宇宙之头脑，宇宙之主宰……于是，太阳坐在王位上统率着围绕它旋转的行星家族。地球有一个侍从——月亮。正如亚里士多德在《博物志》中所说，当地球从太阳那里受孕和怀胎，以便每年生育一次的时候，月亮是地球最亲的亲人。

哥白尼在第一卷的论述中还穿插了大量的图表、公式和三角坐标。其余的从第二卷到第六卷，写的是天体天文学、地球绕太阳的旋转、月亮的运动理论和行星的位置等。这确实是一部划时代的科学巨著，哥白尼为之倾注了一生的心血。经过长期的修订后，这部著作就按这种编排顺序出版了。

十五

风烛残年的哥白尼决定冒着被教会审判
的风险出版自己的著作。然而，在他临终时
刻，送到他手上的，却是在教会授意下被篡
改了的作品。

1. 忠实的学生和朋友

哥白尼的著作，不仅从构想到脱稿经历了一个曲折漫长
的过程，而且从脱稿到出版又经历了一个曲折漫长的过程。
在后一个过程中，促使哥白尼的著作发表并使之为世界所了
解的，是一个名叫雷蒂克的人。雷蒂克是一个才华过人的年
轻人，22 岁就成为德国威丁堡大学的数学和天文学教授。
他是路德派主要领导人菲利普·梅兰希顿的学生。在威丁
堡，他经常和路德派宗教改革家交往，不仅和老师梅兰希顿
过往甚密，同路德本人的关系也很密切。

雷蒂克在 25 岁时第一次了解到哥白尼提出了完全崭新的
天文学理论，便产生了极大的兴趣。于是他不顾路德对哥白

尼学说的轻蔑态度，毅然决定到哥白尼那里去，直接了解哥白尼的新理论。雷蒂克于 1539 年 4 月从德国起程，经过一个月的长途跋涉，终于来到弗龙堡。雷蒂克的到来，给哥白尼晚年苦闷的生活增添了乐趣。这时候，正是瓦尔米亚主教丹蒂谢克围绕哥白尼同安娜·希林的关系掀起喧嚣恶浪之际。这一时期，丹蒂谢克主教还发出指令，严禁阅读和私藏路德教派的书籍，违者要处以刑罚。在这种情况下，和路德教派的人打交道就更是危险的事。雷蒂克的到来，简直轰动了弗龙堡。有人钦佩雷蒂克的胆量，敢从路德教派的首府威丁堡到这里来，也有人把他看成魔鬼的使者。哥白尼不顾天主教同路德教之间的冲突和偏见，非常真诚友好地接待了雷蒂克。他们一见面谈得就很投机，仿佛是久别重逢的知己。本来雷蒂克来到弗龙堡只想认识一下哥白尼，谈一谈哥白尼的著作就走，谁知经过两人深入的交谈，雷蒂克改变了自己的打算，他决定长期住下来，帮助哥白尼修改他的著作，这样，雷蒂克一下就在瓦尔米亚待了两年。

雷蒂克不是空手来到哥白尼这里的。作为礼物，他给哥白尼带来了几本关于天文学和与天文学有关的书。雷蒂克在每本书的扉页上都写下了这样的赠言："奉献给享有盛誉的大师尼古拉·哥白尼博士先生、约阿希姆·雷蒂克的导师大人。"在弗龙堡逗留期间，雷蒂克一直称哥白尼为"我的主人和导师"或"导师大人"。

雷蒂克送给哥白尼的书中有几本是用希腊文出版的，其中一本是 1533 年在瑞士出版的《欧氏几何》，这本书对哥白尼从事三角计算很有用处，还有一本书是巴伐利亚杰出数学家和天文学家彼得·阿次安的著作。雷蒂克还把他自己从阿拉伯文翻译过来的格伯的一本天文学著作送给哥白尼。哥白尼看了这些书，在书页的白边上写了不少批注。如在格伯的著作第一卷的题目上边写道："托勒密的杰出诽谤者。"在另一处写道："为什么托勒密会弄错？"在雷蒂克送给哥白尼的书中，最使哥白尼高兴的是托勒密及其评论员亚历山大城泰翁的著作。这本书是在雷蒂克去弗龙堡之前刚刚出版的。这本书是哥白尼非常需要的，为了搞到这本刚出版的非常畅销的托勒密的书，哥白尼曾做过许多努力。雷蒂克送给哥白尼的这些书，使哥白尼了解了最新的出版情况，收集了资料，并对自己的著作进行了一些修改。

雷蒂克来到哥白尼这里不久，就病倒了。阅读哥白尼的著作的工作也被迫中断。这期间，哥白尼的处境很不好，安娜·希林事件已经闹得满城风雨，现在又来了一个新教派的学者雷蒂克，这就更加引起人们的猜疑，也成为一些人诋毁哥白尼的口实。正在这种处境艰难的时候，哥白尼的忠实朋友、海乌姆诺主教蒂德曼·吉斯向哥白尼发出了邀请。哥白尼愉快地接受了邀请，带着他的学生雷蒂克去蒂德曼那里住了一段时间。这时，由于丹蒂谢克仍然揪住安娜·希林的事不放， 哥白尼没有得到真正的安宁。

雷蒂克很快发现， 哥白尼的著作有巨大的科学价值。 于是， 出版这些著作就成了雷蒂克和哥白尼交谈的主要话题。雷蒂克和蒂德曼·吉斯一起， 终于说服了哥白尼出版自己的著作。 在哥白尼写给罗马教皇保罗三世的信中曾经说， 是由于方济各会红衣主教尼古拉·申伯格和蒂德曼·吉斯的敦促，才使他决定发表自己的著作的。 其实起决定作用的是雷蒂克， 但哥白尼在给教皇的信中没有提到雷蒂克。 因为雷蒂克来自德国， 是路德派学者， 而且又是宗教改革运动领导者菲利普·梅兰希顿和路德的密友。 就凭这两点， 罗马天主教的保守派就会给哥白尼扣上种种罪名。

从蒂德曼·吉斯那里回到弗龙堡以后， 雷蒂克就开始为出版哥白尼的著作做准备工作。 他要使哥白尼不仅在天文学界， 而且在广大人文主义者中获得良好声誉。 1540 年， 雷蒂克出版了一本献给自己的老师、 纽伦堡的天文学家杨·绍内尔的书。 这本书的名字特别长， 叫作《致光荣的大师杨·绍内尔先生， 一位年轻的数学爱好者谈托伦人、 瓦尔米亚神甫、 学识非常渊博的大师、 杰出的数学家尼古拉·哥白尼博士先生有关旋转运动的几卷书， 初讲》。 在题目下雷蒂克还印了一句著名的希腊名言:"谁想研究哲学， 谁就应该是精神自由者。" 在这篇《初讲》 中， 雷蒂克介绍了哥白尼著作的主要论点， 强调了这些论点的新颖性， 还写了雷蒂克直接了解到的有关哥白尼生活中的一些趣闻。 在这里， 雷蒂克对自己的老师表示了最大的尊敬和崇拜， 他把哥白尼称为自己的主人， 在大家都了解的情况下， 他从不直呼哥白尼的姓名。雷蒂克在《初讲》 中对杨·绍内尔写道：

> 我希望你能相信，我介绍的这部著作的作者同列告蒙坦相比是不逊色的，但我更想把他同托勒密相比，这倒不是因为我把托勒密看得比列告蒙坦高，而是因为我的导师同托勒密有共同之处，即借助上帝的恩赐对天文学实行预定的改革……几乎有 40 年的时间，他在意大利和瓦尔米亚观测了日食和太阳运动情况……我的导师、博士先生起码是不比托勒密逊色的……因为他发现，托勒密观测太阳和月亮的运行情况是非常认真的……为此，我的导师、博士先生的天文学说可能被正确地称为永久性学说，这个学说已经被以前各世纪的观察所证实，毫无疑问，也将被后代的发现所肯定。

接着， 雷蒂克在《初讲》 中讲述了哥白尼的著作的各章内容， 他在正文的结尾写道：

> 真理必胜，勇敢必胜，让科学永远受到尊重吧！愿每一位大师都在自己的艺术中揭示出一些有益的东西，并且

逐步把它探索得仅仅是真理。我们导师任何时候都不惧怕那些值得尊重的学者的评论，相反，他很乐意倾听这种评论。

毫无疑问，雷蒂克是第一个发现哥白尼的学说对科学发展具有划时代意义的学者。他撰写《初讲》的目的，是要为哥白尼的事业争取支持，他要争取的对象主要是人文主义者，因为哥白尼推翻了托勒密和许多其他古代学者的基本论点，揭示了另外一些被遗忘的学者的正确观点，这在当时是很危险的。他有可能被那些敏感的崇拜古代学者和哲学家的人文主义者看成反人文主义者。雷蒂克想事先排除这种可能性，所以他特别强调了哥白尼同古代科学的联系，并且指出，哥白尼正在发展古代学者的思想和修正他们的错误。

雷蒂克《初讲》的发表，成了科学界的一个重要事件，引起天文学家、数学家、哲学家和其他人文主义者的巨大兴趣。这本书很快就再版，随着书的广泛流传，哥白尼的影响也更广泛了。

在雷蒂克使哥白尼名闻遐迩的同时，仇视哥白尼的人也开始活动。在这期间，天空曾连续出现几次彗星，每次间隔的时间都不长。它们中间的第一颗出现以后，接着就出现了严重的旱灾，河流、水源以及地下水几乎都干涸了，赤地千里，几乎没法耕种。在第二颗彗星出现以后，占星家们就趁机大放厥词，预言这种天象将引起瘟疫、洪水、火灾、政变等天灾人祸。这种预言是别有用心的，目的是想抵制如火如荼的农民运动，用天神的惩罚来进行恫吓。事情也巧，就在这时候又流行猩红热，这正中教会下怀。在这种情况下，哥白尼发表了他的意见，说明彗星的出现纯粹是一种自然现象，它与人世间的事情一点也不相干。哥白尼的这种仗义执言，便导致了教会的一次报复——通过出版、上演一出闹剧来嘲讽哥白尼。

这个闹剧是埃尔布隆格中学的校长创作的。这个闹剧的名字很长，叫《论真正的和虚假的聪明，像虔诚的聪明小丑一样滑稽可笑的剧》。剧本的作者还给雷蒂克寄了一本剧本，目的是故意让哥白尼看看，刺激一下哥白尼。这出闹剧是在 1541 年狂欢节上演的，闹剧里虽然回避了哥白尼的名字，但明显是影射哥白尼的。闹剧写一个蠢人要给人们呼风唤雨的神话。道白中有这样一句："可我确实不知道，是公布这个预言呢，还是保持沉默？"这一句是说哥白尼由于担心别人不理解，希望把自己的著作和发现隐藏起来。这出戏的结尾还有一句更加露骨地影射哥白尼的话："我认为自己是值得人们尊敬的，因为我是一个博士。"

这出闹剧深深刺痛了哥白尼，他鄙视作者只会含沙射影诋毁人而不会拿出道理说服人的行径。哥白尼的好朋友蒂德曼·吉斯看了剧本后，大动肝火。他爱护哥白尼，勒令作者把剧本删掉几页。

哥白尼和雷蒂克排除干扰，又投入《运行》的修订工作中去。这个工作艰巨而又细致，哥白尼对自己要求十分严格，一句话也不肯放过，凡是说得不大清楚的字句，他都反复修改。雷蒂克也悉心尽力地帮助他，写出各种参考书的摘要，核对数据，誊清原稿。直到《运行》修改得差不多时，该找个出版商来印书了。找谁好呢？这是关系到著作前途的大问题，哥白尼和雷蒂克进行了认真的商量。

由于雷蒂克《初讲》广泛发行流传的影响，有好几位出版商愿意出版哥白尼的著作。有一个叫扬·佩特赖乌斯的出版商，给雷蒂克写了一封热情洋溢的信，信中对雷蒂克的智慧和强烈的求知欲大加赞扬。这个出版商是希望雷蒂克说服哥白尼把自己的著作交给他出版。这时候，一个叫安德烈·奥塞安德尔的出版商从纽伦堡来了信，也准备出版哥白尼的著作，但有一个条件，要在哥白尼著作的序言里写明：哥白尼的观点是没有经过证明的论断，只是假设，全部理论都是假设。奥塞安德尔想借助这种办法缓和科学家们可能有的反对态度。然而，哥白尼丝毫没有让步，因为他不想放弃自己的学说，也不想用假设来掩盖他那些已经被证明了的观点。

瓦尔米亚主教丹蒂谢克听说哥白尼的著作将要出版，也找到哥白尼，建议把他写的一篇题词加进哥白尼的著作中去。哥白尼联想到不久前由于安娜·希林事件所蒙受的侮辱，便冷冷地回答：“我收到了阁下寄来的信，写得非常客气，热情洋溢。您还随信把专为我的书写的题词赐给我。这篇题词写得非常精彩和恰如其分。这不是为我的功绩所写，它出自阁下对科学爱好者所固有的特别关心。为此，我将把阁下的题词放在我的著作的前面，如果我的著作是相称的，能赢得这样美好装饰的话。学生们倒是常常对我说，这部著作是有点价值的，应该听听他们的意见……”

丹蒂谢克的这篇题词，是主教对哥白尼这位老神甫的一种和解表示。丹蒂谢克了解了哥白尼著作的价值，但并没有预见到它会遭到谴责。丹蒂谢克发现哥白尼的著作已经引起人们普遍的兴趣，这预示着哥白尼的声望将会越来越大。所以丹蒂谢克想借此机会，通过在哥白尼著作中加进自己的题词，一边和哥白尼和解，一边扩大自己的影响。丹蒂谢克现在是哥白尼的上司，凡是知道丹蒂谢克曾经是一个杰出的人文主义者的人，都认为他是哥白尼著作的保护人，并且希望他能担起出版这部天文学著作的义务。事实上，外界并不了解丹蒂谢克同哥白尼之间发生的冲突，也不了解过去的这个人文主义者如今已经转到机会主义和保守主义立场上去了。

冬天过去了，又到了一个明丽的春天，窗外飘来扑鼻的花香和悦耳的鸟语。哥白尼塔楼的周围缠绕着翠绿的常春藤。这棵常春藤是安娜种的，哥白尼在疲累的时候，常常望着那常春藤， 思念被丹蒂谢克赶走的安娜， 并且摊开面前的书籍， 在书的空边上画一片片三角形的叶子……雷蒂克看了很奇怪， 不明白老师为什么喜欢这种叶子。

哥白尼的身体渐渐不支了， 不能连续工作很长时间。 在休息的时候， 他常常翻出过去的笔记， 浓浓的怀旧情绪往往又使他回到做学生的时代。 他的笔记本上记着， 在克拉科夫， 1491 年 1 月， 天空出现过一颗拖着长长尾巴的彗星， 5月发生了一次日食。 12 月底， 在一个严寒的中午， 天空出现了三个太阳。 占星家们纷纷预言， 世纪已经到了尽头，地球要毁灭了。 可是下一年过得却是风平浪静， 天下太平。1493 年 10 月， 发生一次日全食。 下一年， 天上又出现一个奇观， 3 月间， 在半月之内， 连续出现了一次日全食和月全食。 占星家们又预言人类将有大灾大难。 加上 7 月 9 日中午， 太阳周围又绕上一道大大的光环， 占星家们更是议论纷纷， 弄得人心惶惶。 但是跟占星家们的预言恰恰相反， 这一年过得又是平平安安， 没有什么灾难发生……

哥白尼翻着笔记， 回忆着往事， 脸上不禁露出笑容。在克拉科夫学习时代， 是多么令人难忘和留恋。 他突然放下笔记， 若有所思地眯起眼睛问雷蒂克： “今天我忽然想起，亲爱的朋友， 你远道来到我们的国家， 只顾忙着帮我整理著作， 还没有充分利用学习的机会。”

雷蒂克说：“可是， 在老师身边， 我的学习已经有了很大提高。"

"不，这远远不够。你到过克拉科夫吗？"

"没有。"

"这可有些遗憾。"哥白尼停了一下，抬起头来，仿佛遥望那个遥远的曾留下他许多美好记忆的城市。他又轻声地说："如果您真的把我当成尊敬的老师，您就好好记住，克拉科夫是我树立自己生活目标的地方，是我跨出人生第一步的地方。在那座城市里，我感到自己有一种如饥似渴的求知欲，这种求知欲促使我到文艺复兴的故乡意大利去学习，这种欲望曾使我受尽痛苦，历尽艰辛，满怀焦虑和疑团，同时也使我感到无比幸福。现在我的眼前又看到了圣·安娜教堂，成群的鸽子在夕阳斜晖中扇动着翅膀。我曾经跟我尊敬的沃伊切赫老师在那里散步，他给我指引前进的方向，我向他倾诉自己的雄心壮志……我想跟您谈谈这件事，雷蒂克，请原谅，我只能跟您谈谈。"

接着一阵沉默。雷蒂克轻轻说："老师，您说吧，我在仔细听着哩。"

哥白尼脸上掠过一丝温存的笑意。他仰起头来，仿佛在向远处望。其实他什么也没有看见。他微闭着眼，像对雷蒂克说，又像自言自语："那么，到克拉科夫去吧。意大利的著名诗人卡里玛赫说，天文学家的武器是数学和观测。他的这句话，曾使一个名叫哥白尼的学生，一个内心燃烧着无限激情的年轻人， 引起强烈的渴望。 你跟我一起去吗？ 朋友， 我多么想到那里去啊！"

雷蒂克连忙用恳切的声音轻轻说："我去， 老师， 我一定到那儿去。"

每当哥白尼心中涌起对年轻时代的回忆时， 他就爱作这种梦幻似的谈话。

2.《运行》 的出版

在瓦尔米亚待了两年多以后， 雷蒂克于 1541 年秋天， 带上哥白尼的著作， 满怀希望地回到德国威丁堡。 他满以为他老师的学说不久将会传遍全世界， 所有人都会把他最近揭示和传播的事实看成永恒的真理。 然而， 出乎意料， 他遇到的却是令人痛心的失望。 他发现人们对他在《初讲》 中阐述的思想并没有表现出热情， 有的甚至持敌视态度。 德国信仰新教的地区对哥白尼的学说也持敌视态度。 1541 年 10 月 16 日， 路德新教的重要领导人菲利普·梅兰希顿写道："某些人以为， 像那个萨尔马特（ 古代东依草原上的游牧民族） 天文学家那样， 制定一个推动地球和遏止太阳的荒谬理论是很有意思和合适的。 确实， 聪明的统治者应该容忍天才者的轻率……我们的眼睛告诉我们， 天在旋转……然而， 这里有人， 要么出于好奇， 要么想拿自己的天才进行投机， 正在琢磨地球的运动……" 为了证明自己有理，梅兰希顿还引用了《圣经》上的话："训道者在第一章就宣告，'大地常在，太阳升起，太阳落下'，这使我们深信，上帝的话在引导我们通向真理，我们绝不允许那些认为把混乱引入科学就会使自己的天才受到赞扬的人来蒙骗我们……"

马丁·路德也说了类似的话。在这种情况下，既然在威丁堡不能宣传哥白尼的观点，雷蒂克便毅然决定离开威丁堡，到别的地方去试一试。

雷蒂克宣传哥白尼的学说，曾经得到威丁堡大学数学教授伊拉兹姆·莱因霍尔德一定程度的理解。这个数学教授曾经写过这样的话："我看到有一位新人，一位非常杰出的大师：无论在天文学的其他方面，还是在解释月球的各种运动方面，他的观点都同托勒密的模式截然不同……我相信，他必将从普鲁士脱颖而出，而他那杰出的天才自然会受到后代的赞赏。"

几乎在同时，哥白尼的工作也赢得了克拉科夫大学学术界的重视。1542 年 9 月 27 日，布科沃的艾伯特·卡普里努斯在写给塞缨尔·马切约夫斯基主教的信中说："相信您的英明要恩准我支持和关心克拉科夫最引以为自豪的那些学科。因为该城是以出了一些天才人物而驰名的。这些天才把这些学问传播出去，并使之放射出光彩……在有名望的人中我荣幸地列举瓦尔米亚的神甫尼古拉·哥白尼，他曾经在克拉科

夫学习过。 他写的天文学著作是令人赞赏的， 甚至已经准备
出版。 他的知识首先是从我们这所大学学到的， 这所大学是
他最早的知识源泉。 是的， 这一点他自己也承认， 说一切
都要感谢我们大学……" 确实如此， 哥白尼临终前还念念不
忘克拉科夫大学， 承认克拉科夫大学在他受的教育和他科学
观点的形成中起了决定性作用。

　　雷蒂克离开威丁堡以后， 几经挫折， 来到纽伦堡， 最
后， 把哥白尼的手稿交给了纽伦堡的出版商扬·佩特赖乌
斯， 让他筹备印刷。 雷蒂克在纽伦堡只停留了很短的时间，
解决完同出版老师著作有关的问题， 就去了莱比锡， 在莱比
锡一个很有名气的大学担任教授。 离开了纽伦堡， 雷蒂克对
哥白尼著作的出版工作自然就没有办法过问了。

　　当雷蒂克带了哥白尼的著作， 离开弗龙堡之前， 他们就
商量过找什么人出版的问题。 雷蒂克认为， 印书的人要有头
等的手艺， 而且知识要丰富， 希腊文、 拉丁文、 三角、
几何， 全得懂一些。 雷蒂克也曾建议交给纽伦堡精通印刷的
安德烈·奥塞安德尔去印， 但被哥白尼拒绝了。 哥白尼想的
不光是印刷的技术问题， 他还想到， 纽伦堡虽然是新教的城
市， 看起来很重视科学， 可实际上是因为科学可以发财。
他们也看重天文学， 那主要是为了航海的方便。 可是哥白尼
的学说是要得罪教会的， 为了教会的利益， 什么卑鄙的手段
他们都会使出来。 可到那时， 就管不了他们了。 不幸的

是，哥白尼的担忧和估计竟是对的。

当雷蒂克于 1542 年 7 月从莱比锡又返回纽伦堡时，果然出现了问题，但要改正已经为时过晚了。原来雷蒂克去了莱比锡以后，扬·佩特赖乌斯把哥白尼著作的出版问题还是让安德烈·奥塞安德尔直接负责了。他以前就建议哥白尼按他的主张出版，就是把书中阐述的理论仅仅作为一种假设。当时哥白尼拒绝了奥塞安德尔的建议。而这次，奥塞安德尔正是利用雷蒂克不在场的情况，不顾哥白尼的反对，强行按自己的意见篡改了哥白尼的原作。首先，奥塞安德尔把书名《运行》改为《天体运行论》。同时用他自己写的《谈谈本书的假设》的序言，取代了哥白尼致教皇保罗三世的一封信。奥塞安德尔随心所欲地伪造和篡改了哥白尼的思想。他把哥白尼的论断说成是虚无的假设，与事实毫无共同之处，并对其任意加以批判。奥塞安德尔在序言中写道："没必要让这些假设都是事实或接近事实，只要它们如实地反映了观测结果就行了。只有对几何学和光学了解的人才会认为金星本轮是可信的……在这部学说中，还有其他一些同样荒谬的东西，这里就没必要去细说了。因为十分明显的是，这部学说完全或者根本就不知道运动表面平衡的原因。……为此我们可以说，旧学说中的这些新假设，丝毫也不比旧的更可信。相反，它们是令人惊奇的和粗浅的……"不仅奥塞安德尔，甚至连印刷匠也毫无顾忌地加以篡改，而这一切，都是得到扬·佩特赖乌斯允许的。 他们在出版哥白尼的著作时， 既想赚一大笔钱， 又不想得罪梅兰希顿和路德， 于是便按照梅兰希顿的天文学观点篡改了哥白尼的著作。 当时哥白尼离这里很远， 而雷蒂克也不在这儿， 他们便肆无忌惮地为所欲为。

3. 临终前后

这时， 哥白尼已经将近 70 岁了。 他饱经风霜， 备受折磨。 1542 年深秋， 风烛残年的哥白尼又得了一种致命的疾病。 他的好朋友蒂德曼·吉斯从神甫耶日·唐纳的信中得知哥白尼生病的消息， 1542 年 12 月 8 日， 他给唐纳的回信中说:"你来信说的关于可尊敬的老人， 我们的哥白尼生病的消息使我感到难过。 他在身体健康时就喜欢孤独， 现在生病了， 我想， 不会有许多热心人关心他的身体状况， 从他的纯洁和学识渊博方面说， 我们大家都有愧于他。"

哥白尼生病的消息传到了他的朋友格马·弗里修斯那里。弗里修斯非常关心哥白尼的研究工作。 1543 年 4 月 7 日， 他在写给丹蒂谢克主教的信中说道:"我以十分焦急的心情期待着杰出的大师尼古拉·哥白尼先生的那本著作。 据尤斯塔汗先生说， 那本著作正准备付印……如果现在能按时出版的话， 那么这位大师的努力就会放射出不朽的光辉， 我祝愿这位应该长寿的人的生命超过自己的著作。"

哥白尼的健康状况一天天恶化，康复的希望日益渺茫，他的生命已经不长了。当春天来临，大地又披上绿装的时候，哥白尼却只能半躺半坐在他的病床上，脸朝着那扇对着海湾的窗户，一待就是几个小时。他一动也不动，一声也不响，睁大眼睛，仿佛在留心倾听什么声音似的。有时他会突然喊来老仆人，有气无力地对他说："快下楼去看看，有人敲门。"

哥白尼总是觉得有人在楼下敲门。老仆人可能什么也没有听见，可是他每次都遵照主人的意思下楼瞧瞧。尽管在他觉得主人多半是听错了的时候，也不惜白跑一趟。老仆人心里明白，支持着他主人的精神的，只有一个希望，那就是等着纽伦堡派人给他送来新出版的《运行》。老仆人随时都在门边侍候，不断地向病床上窥望，一看见哥白尼闭上眼睛，就小心翼翼地走近他，听他的呼吸。然而哥白尼总是突然惊醒，总是重复着那一句话："快下楼去看看，有人敲门。"

哥白尼经常处于呼吸急促，甚至昏迷的状态中，看着主人临终前的痛苦，老仆人只有偷偷地抹眼泪。这样一直等到1543年5月24日下午，哥白尼的门前突然传来一阵急促的马蹄声，楼下有人拼命敲门。这是从纽伦堡远道而来的专差，送来了散发着油墨气味的《天体运行论》。老仆人飞奔下楼，又飞奔上楼。"但愿还能赶得上时间。" 老仆人在心中默默祈祷着。 在哥白尼床边， 正有一个御医和两个神甫在侍候着。 他们从老仆人手里接过书， 激动得一句话也说不出。御医时而望望手中的书， 时而望望正与死神搏斗的作者。 御医眼里含着泪水， 走到哥白尼床前， 他把书放在被窝上， 拿起哥白尼的手放在书上。 已经昏迷的哥白尼仿佛一下清醒了， 他的手在书页上痉挛地抓着， 似乎抓到了爱不释手的东西， 他意识到这就是凝聚了他一生心血的作品， 他嘴边浮过一丝难以察觉的笑影， 那么自然， 那么安详……

然而， 哥白尼哪里知道， 出版商为了迎合教会的意愿，竟使出了卑鄙的手段， 篡改了哥白尼的原稿。 他们不仅把书名《运行》 改为《天体运行论》， 而且抛掉了哥白尼亲笔写的宣布天文学革命的序言， 换上了一篇宣扬不可知论的伪序， 把哥白尼的论断说成是虚无的假设。

一个小时以后， 伟大的天文学家哥白尼与世长辞了。

瓦尔米亚的人民为哥白尼的逝世而深切哀悼。 他们失去了一个衷心爱戴的保卫者， 一个医生， 一个科学家。 安娜为哥白尼的逝世而悲痛欲绝， 因为她失去了一个倾心爱慕的亲人。 就连受丹蒂谢克迫害而在罗马受到囚禁的斯库尔泰蒂， 得知哥白尼去世的消息， 也为失去一个志同道合的忠实朋友， 而洒下无限悲伤的泪水。

哥白尼去世以后， 瓦尔米亚主教仍不放过曾按照他的意旨被驱逐的安娜·希林。原来听到哥白尼病重的消息，安娜曾返回过弗龙堡看望哥白尼。听到了哥白尼病故的噩耗，安娜再次回来。然而对安娜在弗龙堡感到不安的丹蒂谢克主教又一次对安娜发出驱逐令。从此以后，安娜·希林这位在哥白尼生活中占有位置的唯一的女性便销声匿迹了。

哥白尼在世时和他去世以后的几十年，他的学说只赢得了为数不多的拥护者，虽然他的成就和计算结果已被别人采用，但他的日心说却没有得到承认。哥白尼去世后，他的朋友蒂德曼·吉斯竭力过问他的著作问题。蒂德曼不能同意出版商那种明目张胆的篡改，出版中大量的错误也使他无法容忍。在他寄给雷蒂克的信中说，他已经要求纽伦堡议会惩罚有罪之人，并要求出版者改正错误，恢复原著的原貌。他在信中写道：

　　　　失去一位兄弟，一位杰出大师的悲哀，本可以通过阅读他的著作得到安慰。他的书会使我感到他又回到了生活中。然而在这本书的序言中我却看到了一种可恶的行径，你把这称为佩特赖乌斯的背叛是何等正确！正是这种背叛行为给我带来了比原有的悲哀更加难忍的痛苦。面对这种以伪善作掩护的行径有谁能不痛心疾首呢？我真不知道，这一切是印刷者受某个狡猾者指使犯下的罪过呢，还是何人出于嫉妒所为。嫉妒者感到惋惜的是将要被迫放弃古老的信仰，如果这本书赢得信誉的话。

　　为了不使这个引诱别人堕落者逃脱惩罚，我给纽伦堡参议院写信表示，我认为必须恢复对作者的信任……如果前边一部分需要重新排印的话，我感到你应该加写一篇序言，从书中，甚至包括那些已经分散了的书中清除对哥白尼的诽谤和中伤。我还希望能在开头加上作者的生平介绍。我读过你写的一篇哥白尼简历，写得好极了，我认为只要再补充一下去世的消息就可以了。我希望也能把你的一篇文章收进去，面对所谓不符合《圣经》的指责，它非常有力地维护了地动学说。这样做会使这部书的内容更加丰富，同时也是对你的老师在书的前言中没有提到你的一种补偿……

　　然而，蒂德曼·吉斯的这一崇高愿望没有能够实现。篡改哥白尼著作的人不仅没有受到惩罚，而且也没有重新排印，仅仅在尚未售出的那部分书里添加了一个勘误表，用来更正由于疏忽所造成的印刷错误。哥白尼用一生心血凝聚而成的划时代巨著，就这样在刚刚问世时就留下了深深的遗憾。

十六

　　《天体运行论》的出版，敲响了神权的
丧钟。从此，在科学与宗教之间，展开了一
场残酷而又持久的斗争。多少杰出人物英勇
不屈，慷慨捐躯，终于迎来了科学的胜利。

1.《天体运行论》的遭遇

　　哥白尼去世以后，随着他的亲朋好友的相继去世，哥白
尼的发现一度被人们淡忘。当时的人们不能理解的是，千百
年来都以为不动的地球竟然会神不知鬼不觉地旋转。在瓦尔
米亚知识界，除了哥白尼最亲密的朋友，只有丹蒂谢克主教
才算充分评价了哥白尼这一发现的意义。但是由于丹蒂谢克
忙于同宗教改革运动进行斗争，加上他同哥白尼还发生过冲
突，因此没有积极尽心宣扬自己下属的学说。丹蒂谢克的继
承人斯坦尼斯瓦夫·霍兹尤什对哥白尼的学说则是断然采取否
定态度。在他任职期间，哥白尼这个人及其学说几乎被人们
所遗忘。随着马尔青·克罗默就任瓦尔米亚主教，才出现有

利于传播哥白尼理论的气氛。 克罗默主教于 1581 年在弗龙堡大教堂为哥白尼建造了一座纪念碑。 哥白尼学说的首批信仰者不时到弗龙堡参观凭吊， 引起了弗龙堡神甫会成员对这位天文学家的怀念和崇敬。

　　哥白尼去世后的， 他的崇拜者之一是丹麦天文学家第谷·布拉赫。 他在 1584 年把自己的学生派到弗龙堡， 在那里考察验证哥白尼做过的一些计算， 并收集有关哥白尼的文物。 他曾写诗赞颂哥白尼， 并在自己的观察站悬挂了哥白尼的画像。

　　充分理解哥白尼学说意义的是德国著名天文学家约翰尼斯·开普勒。 他也是了解奥塞安德尔篡改哥白尼著作的第一个学者。 开普勒不仅理解哥白尼的理论， 而且又把它向前推进了一步。 就在同一时期， 意大利天文学家伽利略也为哥白尼的理论找到了无可辩驳的论据， 1597 年， 伽利略在给开普勒的信中说："我接受哥白尼的理论已经许多年了， 并提出书面论据批驳了反对哥白尼理论的人。 但我没有敢把它们公开发表， 我被哥白尼的遭遇吓住了。 哥白尼虽然赢得了几个不朽思想家的赞同， 但在一些人的眼中（ 人们之中总有许多名人）， 他却成了嘲笑的对象， 如果大多数人都能像你这样的话， 那我也就有勇气发表我的看法了。"

　　后来， 伽利略开始公开宣传哥白尼的学说和自己的发现。 1611 年， 宗教裁判所把伽利略的名字列入准备施加迫害的黑名单中。 1616 年， 宗教裁判所把伽利略召到罗马， 强迫他保证不再宣传哥白尼的日心说。 然而， 伽利略继续用各种巧妙的方式宣传哥白尼的理论， 并且揭露了自然现象和托勒密地心说的种种矛盾， 使托勒密的地心说在事实面前不能成立。 宗教裁判所于 1633 年再次把伽利略召到罗马进行审判， 强迫伽利略承认"错误"。 伽利略被迫在判决书上签字后， 却马上又说："可是， 地球仍然在转着。"

在波兰首都克拉科夫， 人们一直没有忘记哥白尼， 这同雷蒂克当时来到这里是分不开的。 哥白尼去世前就曾劝过让雷蒂克到克拉科夫去。 雷蒂克在克拉科夫， 对自己老师的学说又进行了大力宣传。 克拉科夫大学的教授扬·布罗热克曾沿着哥白尼的足迹经过托伦到了瓦尔米亚。 他收集了哥白尼遗留下来的各种纪念品， 其中有哥白尼写的几本书和他的部分信件。 当有人指责哥白尼的学说是不忠诚和邪说时， 布罗热克积极地捍卫了哥白尼的学说。 他热情地宣传哥白尼这位天才的学者， 是克拉科夫大学的骄傲。

随着宗教改革运动的发展， 每一个发表过违背教会学说言论的人都受到了严厉的清算。 欧洲到处点起了火刑柱， 唯有波兰成了当时比较自由的国家。 哥白尼在世时， 就有人指责哥白尼不忠于正统教会学说。 1543 年， 红衣主教斯福尔扎曾给教皇保罗三世写过一封信， 信中说："波兰人、 瓦尔米亚神甫尼古拉·哥白尼过分相信自己的眼睛和头脑， 公然违背《圣经》和科学去证明地球是围绕太阳旋转的。很显然，我们对这种严重侮辱圣彼得后代的行为放任不管，那就意味着圣父您也要被迫同地球一道绕太阳飞翔，这是对陛下您最大的冒犯。但如果我建议真对它置之不理，那是因为有一种力量鼓舞我产生一种想法，如果魔鬼点燃了火星，而我们再吹风就可能使其酿成火灾。为此，我们宁愿绕开魔鬼的陷阱，因为教会的敌人已经够多了。"红衣主教指明了哥白尼学说的危害性，但又劝说教皇不要参与这件事，不要进行正式谴责。按照红衣主教的意见，只有当关心者的范围扩大的时候，才适宜采取正式的谴责的立场。当时的宗教改革运动已经使教会面临许多麻烦，所以这时教会已经无暇正式过问对哥白尼的评判问题。

16 世纪下半叶的布鲁诺，年轻的时候本来是一名教士，但修道院的生活并没有使他成为宗教的信仰者和维护者。相反，他成为反对教会、反对宗教、反对经院哲学的不屈不挠的战士，成为从哲学上反对地心说、捍卫和发展哥白尼学说的代表人物。由于有人向罗马教廷控告布鲁诺是"异端"，布鲁诺只好脱掉袈裟，只身逃出意大利，到了瑞士、法国，后来又到了英国。布鲁诺发展了宇宙无限的思想，他保留了哥白尼把地球列为普通行星、围绕太阳运转这一思想，但否定了太阳是宇宙中心的思想，他指出每一个恒星都和太阳一样是个灼热巨大的天体，宇宙有统一的法则，但没有中心。 比起哥白尼来， 布鲁诺进一步从根本上摧毁了托勒密的地心说。 教会把布鲁诺的宣传看成巨大的危险。 后来宗教裁判所用阴谋把布鲁诺骗回意大利， 布鲁诺在监狱里度过8年， 于 1600 年 2 月 17 日， 因为信仰哥白尼的学说而被烧死在罗马百花广场。 他临危不惧， 面对死亡也不放弃对科学真理的信仰。

最初受迫害的只是哥白尼学说的信仰者， 过了一段时间以后， 哥白尼的著作也成了迫害对象， 被划为禁书之列。神学家们对哥白尼的著作作了这样的裁决："……所列举这些看法是愚蠢的， 从哲学角度看是荒谬的， 形式上是异端的，有许多地方明显违背《圣经》 的说法……"

公元 1616 年 3 月 5 日， 负责禁书事务的圣主教会议对哥白尼的著作作了下述结论："主教会议获悉， 尼古拉·哥白尼在《天体运行论》 中提出的关于地球运动和太阳休息的， 违背《圣经》 的、 毕达哥拉斯信徒式的伪学说已经传播开来，并且已被许多人所接受……为此， 主教会议认为， 为了不使这种学说进一步蔓延， 危害天主教真理， 有必要对其加以禁止……直到它得以修正为止。"

在此基础上， 教皇保罗五世指示， 把哥白尼的《天体运行论》 列为禁书。 负责禁书事务的主教会议认为， 哥白尼有关天体运行的著作应该受到完全的谴责， 因为它阐述的地球位置和运动原则是同圣经背道而驰的。 然而， 哥白尼著作中还包含了许多对公众有益的东西，所以会议一致决定："迄今印刷的哥白尼的著作是可以的……如果能按所付的样板加以修改的话……以后无论何时，如果需要再印刷的话，不允许有其他形式，必须事先在下面指出的地方加以修正，并且把这个意见排印在哥白尼的序言之前。"

2. 迟到的荣誉

就这样，主教会议对哥白尼的著作作了比当时奥塞安德尔更大的歪曲和篡改。教会通过这种方法遏止了哥白尼学说的传播，但没有完全推翻它。此后，哥白尼的学说逐渐赢得了人们的信任，人们在天文观测和研究中取得的进展，迫使教会不得不在 300 年后，最终把《天体运行论》排除在禁书之列。1882 年 9 月 25 日，教皇庇护七世批准颁布一个教令，其中说："那些讨论地球运转和太阳静止不动的著作，根据目前天文学家们的一致意见，准予印行。"

在这以前，尽管有教会的禁令，但人们仍然在秘密传阅着伟大天文学家哥白尼的著作。在哥白尼的祖国波兰，人们从没有把他遗忘。18 世纪末波兰丧失独立以后，哥白尼成了知识界爱国学者的象征，人们把他作为伟大的波兰人加以纪念。有的发表颂扬哥白尼的演讲，有的发表宣传哥白尼学说的学术论文，有的到哥白尼的故乡搜集有关哥白尼的文物，进行科学考察。法国皇帝拿破仑的行动进一步提高了哥白尼的声望。拿破仑在托伦逗留期间，曾向哥白尼表示敬意，参观了哥白尼故居，并要求市议会修复保存下来的哥白尼的文物。1830 年，在波兰华沙竖起了哥白尼纪念碑，它使波兰人在艰难的被奴役时期想起了自己伟大的同胞。1873 年，在哥白尼 400 周年诞辰的时候，波兰首次在华沙出版了哥白尼的著作。这是历史上的第四次出版。这个波兰文版本附有原拉丁文书名，雷蒂克的《初讲》、哥白尼关于货币的论文及其他一些短小的文章。这次出版，把奥塞安德尔的歪曲和篡改从哥白尼的著作中剔除了，从此，世人才真正看到哥白尼当初交到出版商手里的原著。哥白尼手稿也几经波折，起初为雷蒂克所有，雷蒂克死后，又几次易手，于 17 世纪末落到布拉格的一家图书馆。1953 年，这份手稿归还波兰，收藏在雅格隆图书馆里。

即使在哥白尼学说处境最糟的时期，哥白尼那超群的智慧也受到充分肯定。哥白尼一直被看作杰出的数学家和天文学家。当然，从后来的研究结果看，哥白尼的观点并不全都正确。因为人们早就发现了太阳系外的广大恒星世界，太阳只是太阳系的中心，并不是整个宇宙的中心。但是哥白尼关于地球运动的思想，却是重大的划时代的发现。正是哥白尼的这一发现，奠定了近代天文学的基础，揭开了天文学革命的崭新一页。